ZHONGGUO

BAOXIANYE

XITONGXING

FENGXIAN

SHENGCHENG JILI

PINGGU

JI

SHENSHEN

JIANGUAN

YANJIU

中国保险业系统性风险生成机理、评估及审慎监管研究

徐华 等著

【十三五】国家重点出版物出版规划项目
四川省2018—2019年度重点图书出版规划项目
教育部人文社会科学研究一般项目（16XJA790009）资助
中央高校基本科研业务费项目（JBK2004018）资助

西南财经大学出版社

中国·成都

图书在版编目(CIP)数据

中国保险业系统性风险生成机理、评估及审慎监管研究/徐华
等著.—成都:西南财经大学出版社,2020.12
ISBN 978-7-5504-4687-8

Ⅰ.①中… Ⅱ.①徐… Ⅲ.①保险业—风险管理—研究—
中国 Ⅳ.①F842

中国版本图书馆 CIP 数据核字(2020)第 239406 号

中国保险业系统性风险生成机理、评估及审慎监管研究

徐华 等著

责任编辑	王利
封面设计	摘星辰·Diou
责任印制	朱曼丽
出版发行	西南财经大学出版社(四川省成都市光华村街55号)
网 址	http://www.bookcj.com
电子邮件	bookcj@foxmail.com
邮政编码	610074
电 话	028-87353785
照 排	四川胜翔数码印务设计有限公司
印 刷	四川新财印务有限公司
成品尺寸	148mm×210mm
印 张	7.75
字 数	210 千字
版 次	2020 年 12 月第 1 版
印 次	2020 年 12 月第 1 次印刷
书 号	ISBN 978-7-5504-4687-8
定 价	68.00 元

作者简介

　　徐华，女，管理学博士，副教授，硕士生导师，美国华盛顿州立大学博士后。现任西南财经大学出版社副总编辑。一直致力于保险业风险与监管研究。先后主持国家社科基金项目、教育部人文社科规划项目、四川省社会科学重点规划项目、中国保监会"十二五"规划重大研究项目、四川省科技厅软科学项目等 20 余项科研课题，公开发表学术论文 20 余篇，是国内较早研究保险业系统性风险的学者之一。

前言

　　金融体系运行的稳健状况会直接影响金融稳定。由于银行业具有内在的脆弱性并在金融体系中居于主体地位，所以其在金融稳定中的作用长期以来被人们密切关注。相比之下，在传统认识上，保险业则不被认为是金融系统性风险的来源（Trainar, 2004）。但是伴随着不可逆转的金融深化，金融混业趋势重新崛起，保险业与金融体系的关联程度日益提高，某些环节的界限变得日益模糊。正如 2008 年 AIG（美国国际集团）破产事件所证明的，保险机构破产的影响已经超越了保险行业本身，波及整个金融体系领域，对全球金融体系的稳定和实体经济都产生了严重的影响，保险业已经变得越来越"系统重要"了。

　　近年来，中国保险业逐渐步入金融大舞台的中心地带。随着保险产品的创新和保险投资的开放，保险业呈现出更强的金融性和社会性，改变了传统保险业的整体风险属性。在保险业金融属性增强的前提下，高度负债的保险业，其天然的高杠杆特征会使控股股东或高管的"恶意冒险"动机增强。近几年出现的部分保险公司激进的发展模式，导致资产与负债严重错配；部分控股股东或高管甚至把保费收取视为融资手段，将保险公司视为"提款机"，在投资领域频繁举牌，冒险博取高收益，形成所谓的"资产驱动"发展模式，导致风险事件（"宝万之争""安邦接管"等）频发，其实质都是治理机制缺陷引发的综合性风险。如不能有效遏制该风险，不仅会让保险业逐渐远离保障性，还会带来系统性风险，影响金融稳定。

中国保险业目前的发展阶段和国外保险业有差异，其业务也不像银行那样涉及很多对国民经济体系至关重要的功能（支付结算、发钞等），与金融市场的关联性远远低于发达国家的保险业及我国银行业。国际保险业系统性风险监管框架下的"系统性风险"更强调保险机构与金融市场的关联性和传染性，即保险机构对宏观经济及交易对手的风险暴露，采用了"外部冲击—风险扩散"的分析框架。这种分析框架是以市场本身自我调节和自我约束机制十分完善为前提的。中国保险市场的基本定位是新兴保险市场，具有法治环境和诚信体系建设不足，市场参与者尚不成熟，要素市场也不发达等特点。现阶段我国保险业系统性风险，除了日益增加的

"风险扩散",还有治理机制缺陷带来的"治理风险"。中国银行保险监督管理委员会主席郭树清同志在 2018 年 4 月召开的中小型银行及保险公司公司治理培训座谈会上指出,"建立和完善具有中国特色的现代公司治理机制,是现阶段深化银行业和保险业改革的重点任务,是防范和化解各类金融系统性风险、实现金融机构稳健发展的主要保障"。对我国保险业系统性风险问题的研究,需要建立"外部冲击—治理风险—风险扩散"的研究框架。这符合我国特色、行业需求和监管重点的要求。

2016 年,笔者牵头组织了一个研究团队,并申请到教育部人文社会科学研究一般项目"中国保险业系统性风险生成机理、评估及宏观审慎监管研究"(项目号:16XJA790009)。本书就是这个项目的研究成果。在这个项目的研究中,我们主要做了以下几个方面的探索:

第一,对我国保险业在金融体系中的系统重要性进行了分析。

2008 年全球金融危机爆发后,有关监管机构和学者对保险业是否存在或会否引发系统性风险存在争议。我们首先借鉴国际保险监督官协会(IAIS)对保险业系统重要性的判断标准,对当前我国保险业在金融体系中的系统重要性进行了辨识,以期对我国保险业是否存在系统性风险进行初步判断。结果表明，相比于美国保险业，中国保险业在金融市场中所占的比重小、保险产品的创新复杂程度低、保险投资的规模及与其他金融部门的交叉都远远不及美国保险业。目前中国保险业的发展阶段和国际保险业有差异，与金融市场的关联性远远低于发达国家的保险业，即使整个保险行业都破产，对整个金融体系的影响也是有限的，中国保险业在金融体系中的系统重要性尚不显著。但伴随着保费规模的增长、保险产品的创新和保险投资的开放，保险行业在金融体系中的系统重要性正在日益增加。

第二，对保险业系统性风险及系统重要性保险机构进行了概念内涵的界定。

保险业系统性风险是目前理论研究和政策实践中一个被普遍接受却又意思含混的概念，现有文献大多在约定俗成的意义上使用这一概念，并未严格推敲其特定内涵。我们在对系统性风险概念的内涵进行综述的基础上，对其涉及的四个概念内涵要素，即系统边界、风险源头（外因、内因）、风险扩散及损失后果进行了分析和梳理。结合我国保险业在金融体系中的系统重要性尚不显著的现实，我们将保险业系统性风险的系统边界确定为"保险系统"。我们把保险业系统性风险的概念内涵界定为：在保险系统外部不确定因素（外因）的冲击下，由于保险机构内部的原因（内因），导致单个或部分保险机构陷入危机，并将风险进一步扩散到保险系统，进而引发保险系统发生剧烈波动或危机，对保险系统造成重大不利影响，产生严重的保险行业性不利后果，甚至将负面效应扩散到金融体系和实体经济，影响金融稳定及社会经济稳定。我们把系统重要性保险机构的概念内涵界定为：因其困境或无序故障对我国保险系统造成重大破坏的保险机构。

第三，对保险业系统性风险的来源、扩散与生成机理进行了理论分析。

保险业系统性风险的外因源自保险机构无法控制的系统外部不确定因素带来的冲击。保险业系统性风险的内因有两个方面，一是保险机构天然的"脆弱性"，二是保险公司"治理机制缺陷"带来的治理风险。健全的治理机制不但可以降低脆弱性、提升保险机构的"免疫力"，成为保险机构有效抵御外部冲击的重要保障，同时还能减少系统性风险的共振扩散与传染扩散的负外部性影响。中国保险业系统性风险不仅与外部冲击（外因）及冲击后的风险扩散相关，更与保险系统内在的治理风险（内因）相关。我们建立了"外部冲击—治理风险—风险扩散"的保险业系统性风险生成机理的理论分析框架，强调"外部冲击""治理风险""风险扩散"在系统性风险生成过程中的作用，即在外部环境变化的冲击下，由于保险机构治理风险不断积累，在多方利益相关者的博弈下，导致单个或部分保险机构陷入危机，而一旦超越风险保障阈值，最终通过传染扩散（与再保险市场、金融系统、实体经济的关联渠道）、共振扩散（产品同质化、群体退保、市场一致行为）等方式，使风险溢出、集聚、交织，导致保险系统性风险产生，进而影响金融稳定。

第四，对中国保险机构治理风险进行了辨识，结合案例进一步分析了治理风险对系统性风险的影响。

我们对过去几年我国保险业出现的部分中小型保险公司乱象案例背后存在的"三会一层"运作不规范、"一股独大"的股权结构、内控机制中关联交易风险暴露等方面的治理风险进行了辨识。结合具体案例，我们进一步分析了治理风险对系统性风险的影响，为后续实证分析提供了现实基础。虽然这些规模较小的中小型保险机构对保险系统造成的影响有限，但叠加起来的共振扩散效应会对保险系统产生震动性影响。对于保险系统而言，它们是"太多而不能倒"和"太相似而不能倒"的保险机构，其共性的"治理风险"是我国保险业系统性风险产生共振扩散效应的重要影响因素。

第五，构建了包含"公司治理"要素的评估指标体系，对我国系统重要性保险机构进行了评估与识别。

我们借鉴国际保险监督官协会（IAIS）对全球系统重要

性保险机构（G-SII）的评估办法及原中国保险监督管理委员会对中国系统重要性保险机构（D-SII）的评估思路，将"公司治理"因素纳入评估指标体系，运用熵权法确定指标权重，进一步运用 TOPSIS 方法对我国系统重要性保险机构进行评估，通过聚类分析对系统重要性保险机构进行识别，发现"规模"是影响我国保险机构系统重要性的重要因素，中小型保险机构的治理风险是增加其系统重要性的重要因素，平安集团、安邦集团为系统重要性保险机构，国寿集团为潜在系统重要性保险机构，其他保险机构则为非系统重要性保险机构。

第六，我们在理论研究、案例及实证分析的基础上，进一步提出了中国保险业系统性风险审慎监管的政策建议。

国际保险监督官协会（IAIS）通过不断完善和优化相关措施，已经基本建立了一套完整的事前规避、事中防范和事后补救的保险业系统性风险监管体系，其监管框架和监管逻辑可以被我们充分借鉴。我们应该坚持参考国际，立足中国实际，宏观、微观审慎监管并举的审慎监管原则，对"太大而不能倒"的保险集团实施重点监管。应努力提升保险行业的治理能力，构建具有中国特色的现代保险行业治理机制，从根源上、制度上防控系统性风险的产生与扩散，使其成为防范和化解系统性风险的长效机制。中国保险业公司治理监管的目标应该从"个体风险"防范的公司治理监管范畴（微观审慎治理监管）提升到"系统性风险"防范的行业治理监管范畴（宏观审慎治理监管），探索建立宏观与微观结合的中国保险业审慎治理监管机制。

徐华

2020 年 10 月

目录

第一章 绪论

第一节 研究背景及意义

一、研究背景

2007 年，AIG（美国国际集团，以下均称 AIG）因其表外衍生品交易业务 CDS（信用违约掉期）和证券化资产业务产生风险叠加效应，致使其受到重创而濒临破产，美国政府在拒绝雷曼兄弟贷款请求后却对 AIG 施以 1 850 亿美元的巨额援助，引起了相关国际组织及业内学者对保险业系统重要性的深切关注，人们开始意识到保险体系也可能爆发系统性风险，对金融稳定和实体经济造成致命危害。

近年来，随着我国去杠杆、去产能工作的深入推进，局部领域的风险有可能通过日益复杂的金融体系和交易结构向保险体系传递；同时国内经济增速呈现"L"形特征，市场利率持续在低位徘徊，"资产慌"问题日益突出，保险体系资产端和负债端的矛盾更加突出，高成本负债带来了"利差损风险"隐患和"高风险激进投资"问题；我国保险行业前几年快速增长带来的问题可能会逐步暴露，违约风险、流动性风险和市场风险可能会逐渐加大；部分公司还存在着重大公司治理缺陷，其经营行为更加激进，利用跨市场监管存在的规则漏洞，人为制造一些风险点。这些矛盾和问题与外部形势叠加在一起，在多重因素共振背景下，极有可能触发保险体系的风险，同时伴随我国保险体系参与金融市场和服务实体经济的广度和深度不断提升，这些风险可能会进一步向金融体系和实体经济传递和蔓延。尽管关于保险业是否存在系统性风险仍有争议，但无论监管层还是学术界都一致认为加强对保险业系统性风险的研究有其必要性。目前对"保险业系统性风险"的概念内涵、来源、形成机理等都还没有形成完整的理论分析框架，特别是如何结合当前我国保险业面临的"治理风险"来进行全面的分析。

美国次贷危机发生后，G20（20 国集团）成立了金融稳定理事会（FSB），率先联合巴塞尔银行监管委员会（BCBS），实施全球系统重要性银行（G-SIB）的强化监管；2013 年国际保险监督官协会（IAIS）参照 G-SIB 的监管框架，结合保险业的特征，正式颁布了《全球系统重要性保险机构（G-SII）：

初步评估方法》《G-SII：政策措施》，选取"规模、国际活跃度、可替代性、关联性、非传统非保险业务（NTNI）"五大类指标进行 G-SII 的评定，并于 7 月公布首批"G-SII"名单，中国平安集团入选。2016 年，IAIS 再次颁布《G-SII：更新的评估方法》，调整了对 G-SII 的评估指标，在 2013 年评估方法的基础上，用资产变现指标代替 NTNI 指标。中国保险监督管理委员会（简称原中国保监会）早在 2015 年"偿二代"2 号规则第十九条及第二十条中已提出对中国系统重要性保险机构（D-SII）的资本约束监管要求。2016 年 3 月，原中国保监会发布了《D-SII 监管暂行办法（征求意见稿）》，明确指出结合中国保险业发展实际，重点关注可能引发系统性风险的公司治理、外部关联性、NTNI 业务、可替代性等因素，明确了公司治理监管要素在系统重要性保险监管方面的重要作用[1]。2016 年 5 月份开展的 D-SII 数据征集工作中，明确要求披露的 16 家保险机构上报保险机构治理评价自评表、关联交易、高管人员数等公司治理数据，以用于 D-SII 评估[2]。2016 年 8 月原中国保监会发布了《D-SII

---

[1]　原中国保监会. 对《国内系统重要性保险机构监管暂行办法（征求意见稿）》公开征求意见 [EB/OL]. http://www.cbirc.gov.cn/cn/view/pages/ItemDetail.html? docId=333318&itemId=951&generaltype=2.

[2]　原中国保监会. 中国保监会办公厅关于开展国内系统重要性保险机构评定数据收集工作的通知 [EB/OL]. http://www.cbirc.gov.cn/cn/view/pages/ItemDetail.html? docId=372654&itemId=925&generaltype=0.

监管暂行办法（第二轮征求意见稿）》，直接明确了"规模、公司治理、外部关联性、资产变现和可替代性"是评估 D-SII 的重要因素，相对于G-SII，增加了"公司治理"的评估要素，但并没有披露 D-SII 评估的具体指标设计路径及评估步骤。我国保险业与国际保险业及我国银行业的发展存在着阶段性的差异，如果都采用类似的系统性风险评估指标，评估结果会有失偏颇，也很难解决我国保险市场的主要矛盾和问题，因此参考 G-SII 的评估方法，如何设计包含一些能反映当前保险机构自身稳健经营和治理风险的指标，以更准确地捕捉中国保险行业的系统重要性特征，是我国系统重要性保险机构评估设计面临的一大挑战。

因此，本书在借鉴国际保险监管经验的基础上，充分考虑我国保险业治理风险的现状，探索建立了"外部冲击-治理风险-风险扩散"的保险业系统性风险生成机理分析框架，强调"治理风险"在系统性风险生成过程中的作用，在此基础上对中国保险机构的治理风险进行辨识，构建了包含"公司治理""风险扩散"等要素的系统重要性保险机构的评估指标体系，并对系统重要性保险机构进行评估与识别，在理论分析、案例及实证分析的基础上，进一步对保险业系统性风险的审慎监管提出政策建议。

二、研究意义

（一）学术价值

在借鉴国际保险监管经验的基础上，充分考虑中国保险业治理风险的现状，基于"公司治理"视角，探索建立保险业系统性风险生成机理的理论框架，再结合中国保险市场的具体实践进行案例分析，并在此基础上构建具有中国特色的系统重要性保险机构的评估机制。这不但拓展了保险业系统性风险研究的视角，丰富和发展了保险公司治理监管理论，同时也为制定符合我国国情的保险业系统性风险监管政策提供了理论指导。

（二）应用价值

原中国保监会在 2016 年公布的《国内系统重要性保险机构监管暂行办法（征求意见稿）》，包含了"公司治理"等监管评估要素，但对公司治理指标的标准和权重没有予以明确。本书借鉴国际经验，结合我国实际，对我国保险业系统性风险评价指标中关键的"公司治理""风险扩散"等评价指标进行研究，这将有助于监管当局对我国保险业系统性风险进行有效的评估与监测。

第二节　国内外研究现状述评

一、关于保险业系统性风险的争议与共识

（一）关于保险业系统性风险的争议

1. 2008 年全球金融危机爆发之前——保险业不会产生系统性风险

2008 年全球金融危机爆发之前，学者们普遍认为保险业不会产生系统性风险。Harrington（2003）认为，虽然从理论上讲，以较小概率发生的巨额亏损事件（比如自然灾害）会同时冲击多家财险公司，进而中断财产保险市场资金流，导致市场危机，甚至影响实体经济，但在 AIG 破产危机发生之前的保险历史上并未发生过此类事情。Brewer et al.（2002）、Harrington（1992）也均提出，在 20 世纪 90 年代经济危机中，虽然一部分寿险公司投资了大量垃圾债券和商业地产，但没有证据表明保险业是这场危机的主导因素。Rossi et al.（2002）认为再保险产生系统性风险的可能性微乎其微。Nebel（2004）认为保险公司的风险主要集中在其资产负债表中，其核心业务很少出现流动性不匹配的问题，保险公司核心业务不会导致系统性风险。

2. 2008 年全球金融危机爆发之后——保险业可能会产生系统性风险

2008 年全球金融危机爆发之后，由于 AIG 等大型保险机构出现了严重困难，保险业系统性风险才引起国际监管组织和相关专家学者的关注。2010 年 6 月 4 日，国际保险监督官协会（IAIS）认为保险业会引发或放大其风险至金融行业或整个经济体系的证据不足，但是通过保险产品、市场以及集团化运作模式，大型保险机构引发系统性风险的可能性在增加。2011 年 3 月，日内瓦协会（Geneva Association，GA）的系统性风险工作组（Systemic Risk Working Group）认为保险业不大可能引发或放大系统性风险，但随着保险业与金融业关联度的加深，业务多元化、复杂化程度提高，其系统重要性也不断提升。

（1）从"风险关联性"的角度来看，保险业存在着扩大系统性风险的可能性。保险业中的投资业务、非传统非保险业务、再保险业务、与其他金融体系的交叉持股等方面增强了风险的外溢性和传染性，从"风险关联性"的角度来看，存在着扩大系统性风险的可能性（Geneva Association，2009；IAIS，2010；Harrington，2009；Radice，2010；Baluch et al.，2011；Cummins et al.，2013；Klein，2011；Grace，2014；Chen et al.，2014；Cummins et al.，2014；Bobtcheff et al.，2016）。

（2）保险业系统重要性日益增加。伴随着保险业和金融体系间关联程度的日渐提高、保险机构与其他金融机构的界限日益模糊，保险业的系统重要性也呈现出不断增加的态势（Anushri Bansal，2016；Baluch et al.，2011；Chen et al.，2014；Mila，2012；Neale et al.，2012；Billio，2012；Acharya、Richardson，2014）。

（3）保险集团可能会对金融体系的稳定形成更大的潜在威胁。金融创新和快速变化的金融环境使得大型而复杂的保险集团可能会对金融体系的稳定形成更大的潜在威胁（IAIS，2011；Cummins et al.，2013；Harrington，2013），同时保险集团经营的多样化、保险机构融合发展也对金融系统稳定造成了一定的威胁（Janina et al.，2015）。

国内学者认为我国保险业的发展还较为初级，引发系统性风险的可能性也不大，但随着保险行业的不断发展创新（赵桂芹、吴洪，2012），其产品、市场以及与各企业集团的相互关联度日渐增强（卓志、朱衡，2017）。触发系统性风险的可能性将逐渐增大。需要关注国内保险公司的产品同质性风险、保险业市场集中度过高、频发的自然灾害、保险资金投资、寿险业巨额利差损、保险公司举牌等潜在的系统性风险（朱元倩，2012；郭金龙、周华林，2016）。

（二）关于保险业系统性风险的共识

对于保险在系统性风险中是主导者还是受害者这一问题，学术界的研究具有一致性，即认为保险业在外部冲击下容易发生倒闭和传染，因此在系统性风险中一般是受害者的角色（Martin Eling、David Antonius Pankoke，2016；Catherine Bobtcheff、Thomas Chaney、Christian Gollier，2016；Bierth et al.，2015；Cummins et al；2014；Huang et al.，2009）。保险业对于金融业引起的系统性风险比较敏感，而其自身传统保险业务传染或者扩大风险至金融体系、经济体系的可能性不大（徐华、魏孟欣，2016）。相比之下，银行业始终是金融体系的主导者，保险业对金融体系的影响微乎其微（冯燕、王耀东，2018）。对保险业在系统性风险中扮演的角色的判断有助于监管机构制定合适的政策，在有效防范系统性风险的同时合理化监管成本，既不会造成过度监管，损害保险市场活性，造成资源的浪费，也不会降低风险防范水平。

二、保险业公司治理及监管

Spiller 于 1972 年开始研究保险公司治理问题，认为保险公司组织形式的差异是影响其风险承担能力的重要因素之一。董事会结构、高管薪酬激励、董事会与 CEO 两职分离或合一、机构投资者的参与也是影响保险机构风险承担能力的重要因素（Marx、Mayers、Smith，2001；Hardwick、Adams、Zou，2003；Adams、Alemida、Ferreira，2005；Wang et al.，2007；Boubakri et al.，2008；Mayers、Smith，2010；He、Sommer，2010；Cheng et al.，2011；李维安 等，2012；郝臣，2016；郝臣、钱璟，2018）。国内学者指出，由于保险机构具有高负债、风险的集中性、保险产品的特殊性、保险保障基金保护等特点，我国保险公司治理具有特殊性（孟彦君，2007；钱琨，2008；沈蕾，2009；魏思博，2010；汤丽，2010），提出治理模式不应形成"股东治理"的单一主导模式，而应更加注重利益相关者的参与（刘美玉，2005），应以外部治理作为重要补充机制（谢金玉，2007），治理监管作为重要保障体系（罗胜，2012），逐步形成公司自主治理、行业自律、第三方治理和政府监管"四位一体"的治理模式（郝臣，2017）。部分学者对我国保险公司治理监管制度设计进行了研究（杨馥，2009；徐徐，2010；罗胜，2012；夏喆，2013；郝臣，2015、2017、2018）。部分学者尝试构建我国保险业公司治理监管评价指标体系（罗胜，2012；郝臣，2015）。

三、公司治理对系统性风险的影响

目前尚未有学者研究公司治理对保险业系统性风险的影响，相关研究主要针对银行业。Iqba et al.（2015）通过边际预期损失法（Marginal Expected Shortfall，MES）和系统性风险指数法（Systemic Risk Indice，SRISK）两种方法度量系统性风险，同时使用美国机构股东服务公司（Institutional Shareholder Services Lnc., ISS) 发布的公司治理指数（CGQ）[①] 来衡量金融机构公司治理水平，发现美国 2005—2010 年大型金融机构公司中控制权越强的股东或董事会治理结构，其系统性风险溢出水平越高。Alin、Nistor（2016）研究了东欧国家的银行业公司治理对系统性风险的影响，发现内部管理机制越薄弱或股东监管缺失的治理机制对系统性风险的溢出效应越大，但对银行机构个体的风险则影响甚微。Anginer et al.（2018）通过对 22 个国家 2004—2008 年的银行数据进行实证分析，发现"股东—经营者"友好型公司治理机制与银行个体风险和系统性风险传染溢出正相关，且金融安全网等隐性担保会增加风险溢出效应。曹廷求等（2017）指出治理风险是银行业系统性风险的重要影响因素。孙丽霞（2017）则基于 14 家上市商业银行的面板数据，从实证层面分析了公司治理对银行业系统性风险的影响。

四、保险业系统性风险的评估

（一）保险业系统性风险的评估视角

1. 基于保险系统的系统性风险溢出效应视角

Acharya 等（2012）运用 SES（系统性预期损失）和

---

① CGQ：它基于 67 种不同的公司特定属性，代表公司的内、外部治理机制。其中包含的公司治理要素有审计委员会、董事会、公司章程、董事教育、执行董事薪酬、所有权等。CGQ 的值在 0 到 100 之间，较高的商值对应于更强大的公司治理机制。

MES（系统性风险指数）两种条件资本预期损失方法测度出保险系统在整个金融体系中的系统性风险溢出程度最低。Billio 等（2012）则通过用线性和非线性格兰杰（GARCH）测度发现保险系统在整个金融体系中的系统关联性不容忽视。Weiβ 等（2014）运用 ΔCoVaR 和 MES 方法实证分析出在次贷危机期间，美国保险系统的系统性风险溢出程度较高。

国内部分学者通过运用修正或扩展后的 CoVaR 模型、基于主成分分析或线性的格兰杰因果（GARCH）检验等模型不同程度地测度了中国银行、保险、证券、信托甚至房地产业之间的风险溢出效应，普遍认为保险系统与银行系统存在双向风险传染（周天芸 等，2014；陈建青 等，2015；徐映梅 等，2015；傅强 等，2015；柏宝春，2016；刘璐 等，2016；袁薇 等，2017；韩龙，2017；王丽珍 等，2017；俞中 等，2017；杨扬 等，2018），其中袁薇等（2017）运用扩展的 CoVaR 模型测度了中国保险系统及其他金融子系统间的系统性风险溢出强度，实证结果表明均存在双向风险溢出效应，其中保险系统对证券系统的风险溢出效应最大，银行系统对保险系统的风险溢出效应最大。杨扬等（2018）运用静态 CoVaR 模型测度银行、证券和保险三个金融子系统之间的风险边际溢出效应，实证表明在一般风险下，银行系统对证券系统的风险溢出效应最强，保险系统对银行系统的风险溢出效应最弱，但也有实证研究证明保险系统对金融系统的实质风险贡献度要高于银行系统（周天芸 等，2014）。

2. 基于保险机构的系统性风险溢出效应视角

基于机构的系统性风险评估致力于研究机构间的相互关联性及其对系统性风险产生的影响（卓志、朱衡，2017）。Cummins、Weiβ（2014）研究了保险机构间系统性风险溢出的可能性，认为保险传统业务产生系统性风险的可能性有限，但高杠杆、流动性风险使得财险、寿险对于再保险等交易对手信贷风险更为敏感。Kanno 等（2016）运用网络结构分析法分析了再保险机构在全球非寿险市场中的系统重要性，在压力测试下显示未来再保险机构可能出现一些风险溢出状况。Christoph Kaserer、Christian Klein（2019）实证发现不同类型的保险机构系统性风险水平存在差异，保险集团和人寿保险公司往往表现出最高的系统性风险溢出效应，财产保险公司系统性风险溢出效应可能性最低。

国内学者研究了不同保险机构之间的风险溢出效应及其对保险业系统性风险的影响［林鸿灿 等，2012；谢远涛，2014；中国人寿保险（集团）公司财务部课题组，2015；黄群程，2016；郑梦灵 等，2017；工丽珍 等，2017；欧阳资生、李钊，2017；王培辉 等，2017］。梁琪、李政、郝项超（2013）评估了中国 3 家 A 股上市保险公司对其他 31 家上市银行、证券公司的系统性风险溢出效应，发现随着保险公司愈来愈多地介入高风险业务中，与更多金融机构发生联系，其系统重要性不断增加。谢远涛等（2014）衡量了中国3家A股上市公司之间的非线性复杂依赖关系，发现保险机构可能位于系统性风险传导链上。王丽珍等（2017）研究了我国财产保险机构与再保险机构之间的系统性风险溢出效应，发现只有再保险机构对财产保险机构的单向系统性风险溢出效应。

（二）保险业系统性风险的评估方法

保险业系统性风险评估方法按照不同的标准有不同的分类，以下将相关研究按照使用数据来源不同和使用方法不同进行分类综述。

1. 按照使用数据的来源分类

按照使用数据的来源分为基于机构数据的评估方法和基于市场数据的评估方法。

（1）基于机构数据的评估方法

基于机构数据的评估方法主要围绕资产负债关系展开。基于金融机构之间实际资产负债关联的网络分析法，该方法通过数值模拟来评估金融网络体系中单个或多个金融机构遭受冲击引发的系统性风险影响程度和波及范围（Mistrulli，2011；Upper，2011；方意、郑子文，2016；完颜瑞云、锁凌燕，2018）。基于机构数据的评估方法对机构数据的可获得性和可靠性要求较高，数据处理有一定的难度。

（2）基于市场数据的评估方法

基于市场数据的评估法即以金融市场有效性假设为前

提，利用股票收益率和风险之间的紧密联系，通过处理上市公司股票、期货等高频统计数据，发掘出金融机构间的网络关联关系（冯燕、王耀东，2018），其中 Granger 因果检验方法被广泛采用。Billio、Getmansky（2012）在系统性风险传染性研究中，运用主成分分析和 Granger 因果检验方法，对系统重要性银行进行了识别与评估；邓向荣和曹红（2016）运用中国股市的高频数据，用 Granger 检验方法，分析了中国金融机构间的风险传染关系；杨扬等（2018）以银行、证券和保险业的股票高频数据，评估了在一般风险和极端风险状况下金融子系统风险外溢程度；何文佳、方意、荆中博（2019）选取金融行业 2017 年之前在 A 股上市的金融机构，包括 24 家上市银行、36 家上市证券公司以及 6 家保险公司计算金融子行业系统性风险，分析中美贸易摩擦对系统性风险的影响。

2. 按照评估方法分类

（1）指标法

指标法是通过选取相关指标，对指标权重进行赋值，再进行合成，最后获得排序结果的方法。国际保险监督官协会（IAIS）2016 年 6 月出台的最新评估指标包括规模、国际活跃度、可替代性、外部关联性和资产变现五大类指标。2018 年 11 月，中国人民银行联合中国银行保险监督管理委员会、中国证券监督管理委员会共同发布《关于完善系统重要性金融机构监管的指导意见》，要求按照机构规模、关联度、复杂性、可替代性、资产变现等一级指标对国内金融机构进行系统重要性评估。高姗、赵国新（2014）从理论上初步构建了中国系统性风险防范的度量框架，拟通过采用指标法，选取宏观风险指数、经营风险指数、风险的传递和扩散三大类指标进行中国系统性风险防范的度量。朱南军、周娜、邓博文（2018）借鉴 IAIS 评估 G-SII 的指标体系，针对中国保险机构的经营特点，构建了由规模、业务范围、关联性、非传统非保险业务和可替代性五类指标构成的指标体系，并利用2013 年和 2014 年的经营数据对 10 家保险集团、66 家寿险公司和 64 家财险公司进行系统重要性评估。刘乐平、邸娜（2016）在对国内外监管部门和研究机构的评估方法进行梳理的基础上，选取规模、国内活跃程度、外部关联性、非传统非保险业务、可替代性与公司治理六个指标构建了中国系统重要性保险机构评估指标体系并进行了实证研究。

（2）网络分析法

网络分析法，通过模拟网络体系中单个或多个金融机构遭受冲击引发双边头寸清算条件下，对危机传染路径、波及程度和资本损失进行估测（Mistrulli，2011；Upper、Worms，2012；Billio et al.，2012；Pickett，2014；Kanno，2016；隋聪等，2014；方立兵 等，2015；周海林 等，2015）。例如基于 Granger 因果网络模型分析法，实证发现保险机构与其他金融机构的关联性和传染性在经济平稳和经济波动时存在差异性（王丽珍、康超，2017；冯燕、王耀东，2018）。牛晓健、吴新梅（2019）采用最大熵方法求解再保险最优网络构造，研究了再保险国际化比率、破产阈值、紧急折价抛售指数等因素对再保险市场稳健性的影响，为及早发现并防范保险业系统性风险提供了新的思路和方法。

（3）风险分布尾部关联法

风险分布尾部关联法，利用市场数据，通过计算金融机构资产收益在统计上的尾部行为来测度系统性风险以及金融机构的边际风险贡献。Adrian、Brunnermeier（2008）基于风险价值提出了条件风险价值法（CoVaR），测度金融机构资产收益在统计上处在左尾部时的风险溢出水平（Tarashev，2010；Girardi、Ergün，2013；Zhang，2016）。Acharya et al.（2010、2012）基于期望损失提出了边际预期损失法（MES）（Brownlees et al.，2012；Embrechts et al.，2014；Emmer et al.，2014；Garud et al.，2017；Carolyn et al.，2018）。我国学者使用 CoVaR 方法对我国保险业系统性风险溢出效应进行了测度。林鸿灿、刘通、张培园（2012）较早使用 AR-GARCH-CoVaR 对保险公司系统性风险溢出进行了测度。徐华、魏孟欣等（2016）运用 CoVaR 结合分位数回归测度了我国保险业系统性风险溢出水平。袁薇和王培辉（2017）、王培辉、尹成远、袁薇（2017）分别基于 DCC-GARCH-CoVaR 模型和扩展的时变 Copula-CoVaR 模型对保险公司系统性风险溢出效应进行了研究。朱衡和卓志（2019）运用 MES、SRISK、CoVaR 方法测度了中国保险公司的系统性风险敞口和贡献。

上述文献主要通过度量保险公司资产收益在统计上处于左尾部时对其他机构造成的系统性风险溢出，描述了系统性风险爆发阶段的风险溢出水平，但无法刻画保险公司在系统性风险累积阶段的风险溢出水平。同时，左尾系统性风险度量方法呈现出明显的顺周期特性，即系统性风险溢出水平在累积阶段较小，而在爆发阶段较大。Adrian、Brunnermeier（2008）为解决 CoVaR 方法存在的顺周期问题，对系统性风险进行有效预测，构建了 Forward-CoVaR 指标。该指标通过建立金融机构滞后的特征变量与 ΔCoVaR 之间的定量关系预测金融机构未来的系统性风险溢出水平。我国学者王培辉、尹成远、袁薇（2017）借鉴 Forward-CoVaR 方法，识别保险业系统性风险影响因素，用于保险业系统性风险的前瞻预警。

五、系统重要性保险机构的监管

美国次贷危机发生后，G20 成立了 FSB，该委员会的重要职责之一便在于对系统重要性金融机构进行有效监管，其率先联合巴塞尔银行监管委员会（BCBS），对银行业实施全球系统重要性银行（G-SIB）强化监管，并要求逐步向保险业推进系统重要性机构的严格监管。IAIS 主要沿袭 FSB 对系统重要性金融机构的监管举措。2013 年，IAIS 颁布《G-SII：

政策措施》，其监管框架涉及强化监管、附加资本要求（HLA）、有效恢复与处置计划等，如表1-1所示。

表1-1　系统重要性金融机构监管政策演进

机构	核心监管政策						
FSB（G-SIFI）	强化监管	更高的损失吸收能力	有效恢复与处置计划（RRP）	数据要求：监管披露、管理数据	核心金融市场基础设施	监督学院的协调评估	特定机构危机跨境合作协议
BCBS（G-SIB）	强化监管	额外损失吸收能力与总损失吸收能力（TLAC）	有效恢复与处置计划（RRP）	数据要求：监管披露/市场披露，管理数据	—	—	—
IAIS（G-SII）	强化监管	资本要求：HLA，即附加资本要求	有效恢复与处置计划（RRP）	数据要求不具体	—	—	—

资料来源：笔者根据相关资料整理。

而国内关于系统重要性保险机构的监管研究还处于初步探索阶段，主要集中于对系统重要性保险机构监管措施的详细解读上（刘兴亚 等，2013；原中国保监会国际部，2015；陈敏 等，2016；赵强，2016）。其主要内容包括但不限于：一是强化监管；二是提高损失吸收能力；三是建立有效的处置机制。部分学者根据国情提出了针对性建议。郝演苏（2013）提出四点建议：一是对资本金规模提出更高要求，并提高普通股占比；二是加强信息披露；三是提高恢复与处置要求；四是对大型保险集团的交叉风险设置防火墙。林斌（2016）通过对国际上最新的更高损失吸收能力细则解读，提出中国在"偿二代"建设过程中应重点考虑分类偿付能力监管、资产负债匹配监管及危机处置机制建设。朱南军、高子涵（2017）则指出中国系统重要性保险机构的监管应考虑国内非传统非保险业务发展的不成熟现状，重点加强公司内部的风险治理，保障投保人利益。

六、研究述评

第一，2008 年全球金融危机爆发后，监管机构和学者虽然对保险业是否存在系统性风险一直都有争议，但监管层、学术界都一致认为加强对保险业系统性风险的研究及监管有其必要性与现实意义。目前对"保险业系统性风险"的概念内涵、系统性风险来源、形成机理等还没有形成完整的理论分析框架。国内学者虽对我国保险业是否存在系统性风险做了初步分析，但没有结合当前我国保险业主要面临的"治理风险"来进行全面分析。

第二，目前公司治理对系统性风险的影响研究主要集中在银行业，保险公司治理对风险承担能力的影响研究主要基于"个体风险"的视角，治理风险对保险业系统性风险的影响研究还是一片空白。

第三，从保险业系统性风险评估来看，一方面，在模型选择上，监管层普遍运用指标法来评估系统重要性保险机构，学者们则采取市场法或指标法来研究保险机构的系统重要性，方法更加多元化。由于我国保险上市公司数量有限，国内学者更倾向于使用指标法来评估系统重要性保险机构，主要运用主观平均赋权法评估 D-SII，但也有部分学者运用了诸如主成分分析法、层次分析法、灰色关联法、熵权法等客观方法来评估 D-SII。在指标选取上，国内大部分学者主要借鉴了 IAIS 评估指标，基于国际与国内金融保险市场的差异，将"国际活跃度"指标替换为"国内活跃度"指标，且由于国内保险业目前尚未开展 CDS 业务，学者们在对"关联性""资产变现"子指标的选取上进行了一定调整，但较少有学者考虑到当前中国金融市场环境下的部分中小型保险机构"激进投资""循环注资""频繁举牌"等共同市场行为背后的"治理风险"问题。因此对我国保险业系统性风险的评估应在指标和权重上有所调整，评估指标应该包含"公司治理"指标。但目前无论是监管当局还是学术界，都少有人对"公司治理"指标的构建及权重提出具体的建议。

第四，我国保险业公司治理监管最后才被纳入我国保险监管体系，相对于偿付能力监管而言，发展历程较短，监管实践经验缺乏，同国际保险治理监管存在明显差距。如何尽快补齐公司治理监管这块短板，并能基于系统性风险防范的目的，提升治理监管的有效性，建立宏观与微观相结合的审慎治理监管机制，不仅有助于单个保险机构增强自身经营的安全性，而且有助于增强整个保险系统的稳定性，是当前防范保险业系统性风险的重中之重。

第三节 研究思路及方法

一、研究思路

研究思路如图 1-1 所示。

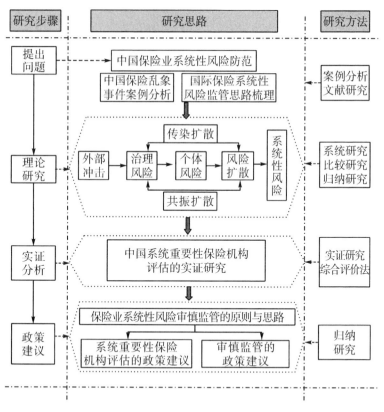

图 1-1 本书研究思路

二、研究方法

（1）理论分析法。通过系统研究、比较研究、归纳研究，从理论上构建保险业系统性风险生成机理的理论研究框架。

（2）案例分析法。以案例形式分析我国保险乱象的表现形式、诱发原因、传染机制及其对系统性风险的影响。

（3）实证分析法。结合中国保险业实际发展状况，选择使用指标法来测度中国保险业系统重要性保险机构，各项指标权重的确定采用熵权法进行客观评定，系统重要性得分则采用 TOPSIS 法进行客观评定，从而使评估的指标权重及评分更接近于客观事实。

第四节　研究的可能创新及不足

一、研究的可能创新

（1）学术思想方面。纵观现有文献，对金融业系统性风险产生机理的研究大多基于宏观视角。本项目研究借鉴国际经验，结合中国保险业实际，从公司治理的微观视角分析了保险业系统性风险的传导机理，将风险产生和传导的微观和宏观过程相联系，并在此基础上进行案例分析及实证研究。

这在保险业系统性风险的学术研究思想上有一定的创新。

（2）学术观点方面。本书提出影响我国保险业系统性风险产生的重要原因在于治理机制不完善。我国应该建立宏观与微观结合的审慎治理监管机制，不仅有助于单个保险机构增强自身经营的安全性，而且有助于增强金融系统的稳定性。这在保险公司治理监管的学术观点上有一定的创新。

（3）研究方法方面。本书在遵循原中国保监会将公司治理纳入评估因素的思路基础上，结合当前我国保险业面临的治理风险的现实，基于 IAIS 评估指标理论，对公司治理指标进行了具体设计，在指标权重确定上较为创新地将熵权法扩展为"熵权—TOPSIS 模型"，以对 D-SII 评估的指标权重、系统重要性得分进行客观评定。这在研究方法上有一定的创新。

二、研究的不足

截至 2018 年底，中国在沪、港两地上市的保险机构合计仅 8 家，其中 A 股上市保险机构仅 4 家，样本覆盖性较差。且当前中国保险业披露的保险机构治理评价结果并不连贯、全面。2015 年治理评价仅对外公布了行业总体治理概况；2017 年全行业治理评价结果因监管需要未对前海人寿、恒大人寿、富德生命人寿三家公司进行披露；2019 年 1 月披露的 2018 年治理评价结果仅抽取了 50 家保险机构，且中国银行保险监督管理委员会（简称"中国银保监会"）仅对外披露保险机构的评价结果，具体治理要素细节未予披露，治理数据的获取难度较大。因此，基于数据的可获得性，我们未能就公司治理对中国保险业系统性风险的影响进行实证分析。

我们提出应该建立和完善保险公司治理机制，我国保险业公司治理监管的目标应该从"个体风险"防范的公司治理监管范畴（微观审慎治理监管）提升到"系统性"风险防范的行业治理监管范畴（宏观审慎治理监管），探索建立宏观与微观相结合的中国保险业审慎治理监管机制，但因时间有限，没有就具体审慎治理监管机制进行研究。未来我们会继续对这个主题进行深入研究。

第二章　中国保险业在金融体系中的系统重要性分析

2008 年全球金融危机爆发后，由于 AIG 等大型保险机构陷入严重困境，保险业系统性风险引起人们的广泛关注。过去，人们认为保险业是受害者而非主导者（Huang et al.，2009；Cumins et al.，2014；Bierth et al.，2015；Martin Eling et al.，2016；Catherine et al.，2016）。国际保险监督官协会（IAIS）考虑到保险业的特殊性，结合金融稳定委员会（FSB）的系统性风险评估标准，提出了四个系统性风险的评估标准：规模、可替代性、风险关联性和时效性（IAIS，2009）。随后在国际范围内，学者们根据这四个标准对保险业系统重要性进行了辨识，从规模、可替代性和时效性的角度来看，保险业引发系统性风险的可能性不大，但从风险关联性的角度来看，投资业务、非传统（非保险）业务、再保险业务、与其他金融体系的交叉持股等都增强了风险的传染性，存在着发生系统性风险的可能（Geneva Association，2009；Harrington，2009；IAIS，2010；Radice，2010；Baluch et al.，2011；Cummins et al.，2013；Grace，2014；Chen et al.，2014；Cummins et al.，2014；Bobtcheff et al.，2017）。随着保险业和金融体系间的关联程度日渐增强，保险业的系统重要性也呈现出不断上升的态势（Baluch et al.，2011；Mila，2012；Neale et al.，2012；Billio，2012；Acharya et al.，2014；Chen et al.，2014；Anushri Bansal，2016）。金融创新和快速变化的金融环境也使得大型而复杂的保险集团可能会对金融稳定形成更大的潜在威胁（IAIS，2011；Cummins et al.，2013；Harrington，2013；Janina et al.，2015）。按照国际保险业对保险业系统重要性的判断标准，本书首先对我国保险业在金融体系中的系统重要性进行辨识，以期建立我国保险业系统性风险研究的"中国视角"。

第一节　中美保险业系统重要性的差异对比

一、保险业在金融市场中的系统重要性对比

（一）美国保险业在金融市场中的系统重要性

美国金融市场直接融资比例在 20 世纪 30 年代便超过其

间接融资比例[①]；即使在 2007—2009 年的次贷危机期间，美国金融市场直接融资比例仍然维持在 85%左右；2012 年，美国金融市场直接融资比例上升到 87.2%；截至 2013 年底，美国存款类金融机构（以商业银行、储蓄机构为主）资产占比已下降到 24.4%左右，而非存款类金融机构（以投资银行、保险机构、资产管理公司为主）资产占比则大幅上升至 70%左右[②]，早已完成从"以银行为主导"向"以市场为主导"的金融结构变迁。

其"市场主导型"的金融结构又进一步呈现出"经济金融化"特征。第一，1950 年，美国实体经济对 GDP 的贡献为 41.25%，而截至次贷危机发生前的 2006 年底，其贡献占比下降到 19.64%；而以金融保险服务业、房地产业为代表的虚拟经济对其 GDP 的贡献从 1950 年的 8.63%上升到 2006 年的 20.62%。第二，2012 年美国债券市场余额为其股票市场的两倍，而美国保险机构又为其债券市场中最大的公司债券持有人，也是其股票市场的重要股票持有人，主要依靠在债券和股票市场中的投资来实现其保险资金的保值增值，从而与证券业高度融合。第三，从美国保险业在其金融体系中的规模来看，截至 2015 年底，美国金融资产达到 81.7 万亿

---

① 高顺钰. 中美金融结构差异、金融系统风险与压力测试比较研究 [D]. 天津：南开大学，2014.

② 张健华. 美国金融制度 [M]. 北京：中国金融出版社，2016：8.

美元，远高于同期中国、日本、英国三个国家的金融资产总和①，其中保险业资产规模达 17.6 万亿美元，而银行业资产规模仅为 13.4 万亿美元。综上可见，美国保险业在其金融体系中已具有高度的系统重要性。

（二）中国保险业在金融市场中的系统重要性

截至 2016 年底，中国金融市场直接融资②占比仅为 23.8%，间接融资③占比高达 76.2%。2017 年，中国金融市场资金成本上升，债券市场波动明显，股票市场整体表现平淡，同时伴随着定向增发等监管趋严，直接融资规模受到较大影响，当年直接融资占比急剧下降至 6.8%，间接融资则上升到 93.2%。中国仍是"以银行为主导"的金融市场结构，无论是保险业还是证券业，对实体经济的关联贡献度都没有银行业强。截至 2016 年底，中国金融业资产总额为 251.74 万亿元，其中保险业总资产仅为 15.12 万亿元④，仅约占中国金融业 6% 的份额。由此可见，不仅金融业规模不

---

① 拉娜·弗洛哈尔. 制造者与索取者：金融的崛起与美国实体经济的衰落［M］. 尹芳芊，译. 北京：新华出版社，2017：7-12.
② 直接融资用增量法计算：每年新增非金融企业直接融资（股票和债券）/新增社会融资规模×100%.
③ 间接融资包括人民币贷款、外币贷款、委托贷款、信托贷款、未贴现的银行承兑汇票等；其比例计算方法：1-直接融资占比。二者的比例变化反映了一个国家的金融结构，也体现了两种金融组织方式对实体经济的支持度和贡献度.
④ 中国人民银行. 中国金融稳定报告［R］. 北京：中国金融出版社，2017.

及美国，保险业在金融市场中所占的比重也远不及美国，中国保险业系统性风险的负外部性远不及美国保险业，其在金融体系中的系统重要性尚不显著。

二、保险业在金融创新领域中的系统重要性对比

1999 年，美国《格拉斯—斯蒂格尔法案》被废除，《金融服务现代化法案》颁布，对金融系统彻底放开管制，鼓励综合金融发展，分业经营时代宣告结束。自此，美国金融市场逐步向资产证券化、金融杠杆化以及衍生交易化发展演变。美国作为世界上最重要的金融衍生品市场，大约掌握了全球 60% 的金融衍生业务[①]，其中最为特殊的信用衍生品在次贷危机发生前的十几年间实现了指数级增长，由 1996 年的 400 亿美元急剧增长到 2008 年的 62 万亿美元。2000—2010 年，CDS（信用违约掉期）业务是美国最为活跃的信用衍生工具之一，这类工具使得美国金融市场逐渐脱离实体经济，是触发美国次贷危机的主要原因之一。据美国证券业及金融市场协会（SIFMA）数据，2012 年资产证券化产品的发行规模仍然达到 2.07 万亿美元，超过 GDP 的 50%，而其存量规模则达到 9.86 万亿美元，占整个债券市场的 25%。而 AIG 正是因其表外衍生品交易 CDS 业务和资产证券化业务形

---

① 徐景. 美国金融结构研究［D］. 长春：吉林大学，2013.

成了风险叠加效应，致使其受到重创而濒临破产。

中国保险业一直没有涉足 CDS 业务。截至 2018 年 5 月 1 日，中国资产证券化产品的存量规模为 3.94 万亿元，而保险机构作为融资方的保险资产证券化产品只发行了三只，规模总计 43.49 亿元，处于初级试点阶段。同时，保险机构作为项目资产支持计划的投资者之一，根据中国债券信息网和中债资信数据，银行间市场信贷资产证券化的主要投资者为商业银行，截至 2014 年底，保险机构的投资规模仅为 36.35 亿元，只占市场总投资规模的 1.35%。由此可见，无论是从投资方还是从融资方角度来看，保险机构涉足的资产证券化业务在整个金融市场中的占比都不大，相比于美国，中国保险业在金融体系中的系统重要性尚不显著。

三、保险资金运用结构的系统重要性对比

一方面，从保险业的资金运用规模来看，根据美国寿险协会（ACLI）统计数据，截至 2016 年底，美国寿险资金可用余额约 6.77 万亿美元，同期中国保险资金运用余额总计约 13.39 万亿元，约等同于美国 1995 年的寿险资金规模余额。与美国相比，中国保险资金运用余额规模较小。

另一方面，从寿险资金运用结构来看，美国寿险资金投资运用占比最大的是债券。根据美国寿险协会（ACLI）统计数据，截至 2016 年底，其寿险资金投资债券的比例为

49.43%，并呈现出缓慢下降趋势；投资于股票的比例为30.4%，可见股票和债券是美国寿险资金投资的核心渠道；投资于现金及现金等价物、短期投资的比例约为2%；而触发次贷危机的金融衍生品业务，在其寿险投资占比中约为1%，投资金额仅为645.2亿美元，从规模来看似乎不足以引发美国保险业系统性风险。笔者根据上文数据推测，美国保险业更可能是由于与金融业的深度融合，导致行业间的风险关联性增强，从而引发了与 AIG 危机类似的风险事件。根据原中国保监会统计数据，截至 2017 年底，其他投资占比40.19%，成为中国险资投资第一大渠道；债券占比为34.59%，股票和证券投资基金占比为12.3%，并呈现缓慢上升趋势，银行存款占比虽然连年持续下降，但仍然维持了12.92%的较高占比。

中美保险资金运用投资结构存在较大差异：一是中国保险资金投资股票的比例及规模远不及美国，在一定程度上也体现了中国保险业与金融其他子行业的风险关联性不及美国；二是中国保险资金投资银行存款比例远高于美国，说明在资金运用上，中国保险资金更为保守；三是中国保险业尚未开展 CDS 业务，证券资产化业务尚处于试点阶段，其影响可忽略不计。综上可见，中国与美国保险业在资金结构上存在差异，表明中国保险业在金融体系中的风险传染性远不及美国保险业，其在金融体系中的系统重要性也不及美国保险业。

第二节　中国保险业系统重要性的今昔对比

一、保费规模迅速扩大，系统重要性日益增强

截至 2018 年底，中国保险业原保险保费收入达到 38 016.62 亿元，规模持续扩大，同比增长 3.92%。保险资金运用余额则达到 24 363.5 亿元，同比增长 9.97%。保险行业规模持续扩大，其系统重要性日益增强。图 2-1、图 2-2 为 2004—2018 年原保险保费收入及险资运用余额情况。

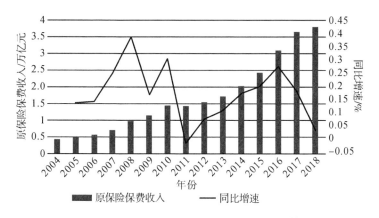

图 2-1　中国 2004—2018 年原保险保费收入情况

数据来源：根据原中国保监会官网数据整理而得。

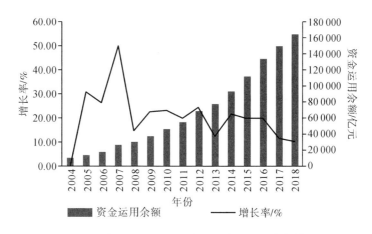

图 2-2　中国 2004—2018 年保险资金运用余额情况

数据来源：根据原中国保监会官网数据整理而得。

二、投资混业双重驱动，行业关联性日益增强

（一）保险业与房地产业关联性增强

房地产部门具有很强的顺周期性特点，在经济繁荣时期，房地产部门不断聚集大量资金，成为资金过剩部门。正如"金融不稳定假说"指出的：繁荣时期的过度借贷将成为经济危机的隐忧。截至 2017 年底，中国房地产贷款余额为 35.5 万亿元，占各项贷款余额的 30%；截至 2016 年底，住房按揭贷款及开发贷款不良率分别为 0.36% 和 1.04%，二者之和占不良贷款总余额的 8%，信用风险逐渐凸显。而随着金融混业趋势增强、险资运用渠道不断放开，保险业与房地

产业的关联逐渐加深。一方面，房地产投资兼具"股性"与"债性"，其股性在于能够买卖价差，其债性在于能够获取租金收益，这也使得保险企业更青睐房地产投资；另一方面，保险企业近年来发展态势看好，能够在短时间内聚集大量资金，房地产企业也看好保险企业融资平台效应或其未来盈利空间。保险机构可通过直接或间接方式投资①与房地产业产生关联，如持股上市房企、投资不动产投资计划、境外不动产跨境并购等，而房地产企业则可直接持股保险企业。

1. 保险机构持股上市房地产企业

据笔者不完全统计，截至 2018 年底，总计有 21 家保险集团或公司持股上市房企，其中前海人寿、安邦集团、国寿集团、泰康集团、平安集团、天安财险持股上市房企数量较多，分别为 7 家、6 家、5 家、5 家、4 家、4 家。保险业与房地产业的关联性不断增强，如表 2-1 所示。

表 2-1　保险机构持股上市房地产企业状况

保险机构	参与持股上市房企名称	持股企业数量/家
平安集团	碧桂园、华夏幸福、旭辉集团、广宇发展	4
国寿集团	新城控股、鲁商置业、广宇发展、荣盛发展、北京城建	5

---

① 直接投资与间接投资：根据《保险资金投资不动产暂行办法》的规定，直接投资指投资不动产的物权、债权、股权三种方式；间接投资指投资与不动产相关的金融产品，如 REITS、不动产债权计划、不动产股权计划等。

表2-1(续)

保险机构	参与持股上市房企名称	持股企业数量/家
人保集团	苏宁环球	1
太平集团	华侨城A	1
泰康集团	阳光股份、光大嘉宝、京投发展、招商蛇口、保利地产	5
新华保险	北京城建	1
安邦集团	万科A、金地集团、金融街、保利地产、首开股份、招商蛇口	6
阳光集团	京投发展	1
富德生命	金地集团	1
前海人寿	万科A、荣盛发展、北辰实业、华侨城A、新湖中宝、格力地产、金地集团	7
华夏人寿	金地集团、华发股份、华远地产	3
国华人寿	华鑫股份、华发股份、同达创业	3
幸福人寿	苏宁环球	1
君康人寿	铁岭新城、首开股份	2
诚泰财产	中粮地产	1
上海人寿	陆家嘴	1
长江财产	冠城大通	1
百年人寿	苏州高新	1
珠江人寿	保利地产	1
天安财险	金地集团、海南高速、上实发展、天业股份	4
天安人寿	金地集团	1

数据来源:根据各保险机构年报及东方财富网公开披露数据整理而得。

2. 房地产企业持股保险机构

据笔者不完全统计，截至 2018 年底，已有 21 家房地产集团或公司持股 20 家保险机构，如表 2-2 所示。

表 2-2　房地产系保险机构一览表

房地产系保险机构	持股的地产集团或公司名称	在保险公司持股比例	股东地位	保险机构成立时间	备注
恒大人寿	恒大地产	50.0%	第一大股东	2006-05	
复星保德信	复星集团	50.0%	并列第一大股东	2012-09	
亚太财险	泛海集团旗下武汉中央商务区建设投资公司	51.0%	第一大股东	2005-01	2015年底泛海集团接手原 6 家股东总计51%的股权，2016 年将"民安财险"更名为"亚太财险"
瑞华健康	宇宏集团旗下咸阳(楼盘)宇宏房地产有限公司	20.0%	并列第一大股东	2018-05	
	东方置地集团	20.0%	并列第一大股东		
复兴联合健康	广东宜华房地产开发有限公司	19.5%	第二大股东	2017-01	
	复星集团	20.0%	第一大股东		
汇邦人寿	世茂股份	20.0%	第一大股东	已获批筹建	
三峡人寿	迪马股份	20.0%	并列第一大股东	2017-12	
和泰人寿	秦皇岛煜明房地产集团有限公司	5.0%	第六大股东	2017-01	
爱心人寿	中州置地	11.8%	并列第一大股东	2017-06	
华贵人寿	河北汇佳房地产开发有限公司	—	发起人之一	2017-02	
众惠财产相互保险社	邢台市振德房地产开发有限公司	3.0%	发起人之一	2017-02	

表2-2（续）

房地产系保险机构	持股的地产集团或公司名称	在保险公司持股比例	股东地位	保险机构成立时间	备注
黄河财险	大名城全资子公司名城地产（福建）有限公司	14.0%	第二大股东	2018-01	
中融人寿	中天城投旗下子公司贵阳金控与联合铜箔有限公司	36.4%	第一大股东	2010-03	2016年转让股权给中天城投
新光海航人寿	鸿荣源置业集团有限公司旗下的柏霖资产有限公司	51.0%	第一大股东	2009-03	2016年转让股权给柏霖资产有限公司
燕赵人寿	华夏幸福	19.8%	并列第一大股东	2013-12	2016年转让股权给华夏幸福
泰禾人寿	泰禾集团	100.0%	第一大股东	2017-06	2017年收购香港大新人寿，同年更名为"泰禾人寿"
华泰保险集团	阳光城系下龙净环保控股子公司北京郎净天环境工程咨询有限公司	4.9%	—	1996-08	2019年8月"郎净天"收购"华泰保险"4.904 3%股权
上海人寿	宝龙地产	5.0%	第六大股东	2015-02	
利宝保险	三胞集团	51.0%	拟第一大股东	2003-12	2017年底双方终止股权转让协议
百年人寿	万达集团	11.6%	第一大股东	2009-06	2015年万达集团入股百年人寿
前海人寿	宝能集团旗下子公司钜盛华股份有限公司	51.0%	第一大股东	2012-02	

资料来源：根据各保险机构官网及公开资料整理。

　　分析表2-2可知，第一，房地产集团或公司作为第一大股东控股或持有保险机构股权的比例高达整体房企参股保险机构的70%。第二，房地产企业参股的保险机构大部分是在

2016 年筹建、在 2017 年或 2018 年开业的中小型保险机构，而房地产企业通过发起建设或股权转让进军保险业的时间正好集中在 2015 年底至 2016 年初，在此期间进军保险业的房地产企业约占整体房企参股保险机构的 85%。无论是希望借助保险平台获取大额现金流还是看中了保险机构的发展前景，相比以往，无一例外地都通过股权持有方式增进了房地产业与保险业之间的关联性，尤其是极大地增进了与中小型保险机构的关联性，增强了系统性风险在跨行业间的风险传染溢出效应。

3. 保险机构跨境投资境外不动产

2004 年，保险资金获得境外投资资格，但仅限于通过外汇资金进行境外银行存款、债券、银行票据等货币型产品投资。2007 年，境外投资范围适当放宽，允许使用人民币购买外汇进行投资，可投资产品也由货币型产品扩增至货币类、固定收益类、权益类产品，但此时境外投资依旧处于初步发展阶段，可投资产品范围受限，风险控制严格，投资态度谨慎。2012 年首次将不动产投资纳入保险资金投资范围。至此，保险资金境外投资不动产逐渐兴起。据不完全统计，截至 2017 年底，境内保险机构投资境外不动产规模已超 1 000 亿元，如表 2-3 所示。

表 2-3 保险机构投资境外不动产概况

保险机构	投资数量/家	投资年份	金额	不动产名称	备注
平安集团	2	2013	2.60 亿英镑	伦敦劳合社大楼	
		2015	3.27 亿英镑	伦敦 Tower Place	
国寿集团	10	2014	7.95 亿英镑	伦敦 10 Uper Street	联合主权财富基金卡塔尔控股
		2015	—	波士顿城市综合体	
		2015	58.50 亿元	香港会德丰红磡 One Harbour Gate 西座	
		2015	—	美国核心物流资产包	联合物流地产商普洛斯公司
		2015	—	纽约曼哈顿综合体	
		2016	3.50 亿英镑	伦敦金融城甲级办公楼	联合Brookfield公司
		2016	—	日本核心物流资产包	
		2016	16.50 亿美元	美国曼哈顿美国大道1285 标志性大楼	联合美国不动产投资管理机构RXR
		2016	20.00 亿美元	美国喜达屋资本精选服务酒店	
		2017	9.50 亿美元	美国物业组合 U.S. Property Portfolio，含 48 处美国商业地产	联合私募股权投资公司 ElmTree
阳光集团	2	2014	24.50 亿元	悉尼喜来登公园酒店	
		2015	2.30 亿美元	纽约 Baccarat 酒店	
泰康集团	1	2015	1.98 亿英镑	伦敦 Milton Gate 办公楼	

表2-3（续）

保险机构	投资数量/家	投资年份	金额	不动产名称	备注
安邦集团	11	2014	19.50 亿美元	纽约华尔道夫酒店	
		2015	7.50 亿英镑	伦敦金融城 Heron 大厦	
		2015	4.14 亿美元	纽约美林金融中心	
		2015	1.10 亿加元	加拿大多伦多金融区写字楼	
		2016	6.60 亿加元	温哥华 Bentall Centre33%股权	
		2016	65.00 亿美元	美国 15 处地产资产	
		2016	23.00 亿美元	日本房地产资产管理公司 Simplex Investment Advisors	
		2016	5.30 亿加元	加拿大 Bay Street 777 号大楼	
		2016	拟141.00亿美元	喜达屋酒店及度假村	最终退出竞购
		2017	10.00 亿加元	加拿大连锁养老院 Retirement Concepts 公司	
		2017	3.50 亿欧元	荷兰阿姆斯特丹希尔顿逸林酒店	
合众人寿	1	2016	63.24 亿元	美国 13 个州总计 39 家养老护理社区	联合信泰资本、Welltower

数据来源：根据网上公开资料整理而得。

分析表 2-3 可知，安邦集团、国寿集团配置境外不动产规模较大，投资数量较多，分别为 10 个、11 个，尤其是在2015 年、2016 年这两个年度，两家公司境外不动产投资速度均加快；而其他险企自 2013 年起至 2017 年，境外不动产投资数量仅一个或两个。虽然险企投资境外不动产，在当前国家中长期利率下行趋势背景下，能够有效提升投资收益，拓宽资产配置渠道，但同时也会面临并购、汇率、经营及价格等多方面风险。而中国保险业在 2012 年才逐渐放开境外不动产投资渠道，境外投资经验欠缺，投资流程并未得到有效规范，盲目跨境并购投资，可能导致保险机构出现大额亏损，从而加大保险机构的流动性风险，甚至可能给中小型保险机构带来破产危机。

（二）保险业与证券业关联性增强

1. 保险系公募基金不断发展，与证券业关联性增强

近年来，保险机构凭借自身资金实力，通过直接发起设立、收购现有基金公司或设置事业部这三种方式加快进军公募基金步伐，保险业与证券业的风险关联性日益增强。以平安大华和国寿安保基金为例，二者公募货币基金规模分别排名国内第 13 位和第 19 位。平安大华在 2011 年成立，其他保险系基金公司在 2013 年及以后开始设立、获得基金业务牌照或收购其他基金公司。概况见表 2-4。

表 2-4　保险系基金公司一览表

保险基金公司	指标	2016 年第四季度	2017 年第一季度	2017 年第二季度	2017 年第三季度	持股形式
平安大华	基金数量/只	29	33	39	42	平安信托持股60.7%
	管理资产规模/亿元	836.71	840.97	1 266.56	1 666.74	
国华安保	基金数量/只	25	30	31	35	中国人寿资管持股85.03%
	管理资产规模/亿元	782.78	905.39	1 004.42	1 254.76	

表2-4(续)

保险基金公司	指标	2016年第四季度	2017年第一季度	2017年第二季度	2017年第三季度	持股形式
泰康资产	基金数量/只	13	14	15	18	泰康资管下的基金事业部
	管理资产规模/亿元	85.77	121.39	156.73	223.70	
国联安基金	基金数量/只	37	42	42	41	中国太平洋保险旗下太平洋资管控股51%
	管理资产规模/亿元	410.28	254.93	213.12	213.49	
泓德基金	基金数量/只	15	16	19	20	阳光保险集团参股
	管理资产规模/亿元	179.56	184.42	169.53	173.80	
太平基金	基金数量/只	2	3	3	3	通过股权转让设立,太平资管控股70.04%
	管理资产规模/亿元	151.65	142.41	166.78	135.53	
中国人保	基金数量/只	—	—	—	1	人保资管下的基金事业部
	管理资产规模/亿元	—	—	—	48.06	
华泰保兴	基金数量/只	—	—	—	3	华泰保险集团控股80%
	管理资产规模/亿元	—	—	—	42.09	

资料来源:Wind 数据库及各基金公司官网。

2. 保险系私募基金不断发展,与证券业关联性增强

截至2018年3月底,中国证券投资基金业协会已登记私募股权投资基金[①]23 947 只,规模约为6.68 万亿元。截至2017年底,保险行业投资私募股权基金的认缴规模约为6 000亿元。虽然市场占比较小,但随着近年来险资运用监管政策的放开,险资投资私募股权的规模不断扩大,速度不断加快。

---

① 私募股权投资基金为险资长期股权投资中的重要组成部分,与企业长期股权、股权投资计划共同构成长期股权投资。

目前市场上已设立 10 家保险及私募股权基金管理机构，基金设立超 30 只，规模在 500 亿元左右，囊括了并购基金、成长型基金、不动产基金等多种形态的产品，发展态势趋好，规模增长迅速。保险系私募基金主要投向基建股债结合的股权投资产品、健康养老等保险产业链上下游企业以及科技创新与小微型等非上市企业的股权投资，保险系私募基金成为保险业对接实体经济的重要平台，与金融体系、实体经济的联系越发紧密。10 家保险及私募股权基金管理机构概况如表 2-5 所示。

表 2-5 10 家保险系私募股权基金管理机构概况

序号	私募股权投资机构名称	保险资管公司股东	备案时间	注册资本/亿元
1	合源资本	光大永明资产 30%；北京景行融金投资中心（有限合伙）20%等	2015-04-15	1
2	阳光融汇资本	阳光资产	2015-03-19	0.5
3	国寿资本	国寿投控	2016-09-29	1
4	国寿股权投资	国寿投控	2016-08-29	2
5	北京泰康投资	泰康资产	2016-12-06	0.1
6	平安创赢	平安资产	2016-06-30	1
7	久盈资本	华夏久盈资产	2017-01-04	1
8	中再资本	中再资产	2017-03-31	1
9	华安汇富	华安资产	2017-06-27	1

表2-5(续)

序号	私募股权投资机构名称	保险资管公司股东	备案时间	注册资本/亿元
10	华泰宝利	华泰资产	2017-07-27	1

资料来源：中国证券投资基金业协会官网。

3. 保险投资信托计划规模扩大，与证券业关联性增强

2006年，保险资金被允许投资基础设施项目信托计划；2012年，保险资金投资集合资金信托计划的基础资产限于融资类资产和风险可控的非上市权益类资产，且由受托人自主管理，承担全流程（产品设计、项目筛选、投资决策及后续管理等）实质性责任。

由于在2018年以前，没有披露保险资金投资信托计划规模的相关数据，笔者只能以个别时点的数据作为参考估算。截至2016年5月底，保险业投资信托产品规模占信托行业的3%，而当时信托业资产规模约为16.3万亿元，折算可知保险业投资信托产品的规模约为4 890亿元，规模扩大迅速。截至2017年底，各家上市保险机构披露的信托计划数据大多以理财产品数据代替，其中只有新华保险直接披露了其投资信托计划占比约为9.3%，规模总计637.56亿元。

2018年上半年，保险资金投资集合信托产品规模迅速增长，实为保险资金规避监管指标或资金投向限制，假借集合信托产品作为通道，通过层层嵌套流入住宅类房地产项目或

类金融企业，如金融租赁公司等。2018年7月，中国银保监会要求各家保险企业针对信托计划进行信息自查补正工作，并要求各家保险企业于8月31日前完成相关工作，以防止监管套利，防范资金运用风险。但这也表明了中国保险资金与证券业的风险关联性正逐步增强。

（三）保险业与银行业关联性增强

2009年，商业银行投资入股保险机构的序幕拉开。截至2017年底，11家银行系保险企业原保费收入合计1 808.624亿元，约占整体保险业保费收入的4.94%。相比2009年及以前，银行业在金融体系内通过混业经营的方式，与保险业的关联性不断增强，如表2-6所示。

表2-6　银行系保险机构一览表

银行系保险公司	持股股东	持股方式	大股东持股比例	成立时间
建信人寿（原名太平洋安泰人寿）	中国建设银行	收购	2009年建设银行从ING购买太平洋安泰人寿50%的股权，2011年建设银行开始持股51%，股份制改革于2016年完成；人寿保险（台湾）持股19.9%	1998-10
工银安盛（原名金盛人寿）	中国工商银行	收购	2012年5月中国五矿集团和安盛中国公司将总计60%的股权转让给中国工商银行	1999-05
交银康联（原名中保康联人寿）	中国交通银行	收购	交通银行于2010年收购中国人寿保险集团所持中保康联的全部股份，总计持股62.5%，澳大利亚康联集团持股37.5%	2000-06

表2-6（续）

银行系保险公司	持股股东	持股方式	大股东持股比例	成立时间
光大永明	中国光大集团	自设	光大集团持股50%，加拿大永明人寿保险公司持股24.99%	2002-04
中荷人寿（原名首创安泰人寿）	北京银行	收购	北京银行和法国巴黎保险集团各持股50%，其中北京银行于2010年收购北京首创集团原持有的50%股份	2002-11
招商信诺	招商银行	收购	2013年深圳市鼎尊投资咨询有限公司将其持有的招商信诺50%股权转让给招商银行股份有限公司	2003-08
中银保险（财产保险公司）	中国银行	收购	中国银行持股100%，于2009年由中国银行收购其香港子公司中银集团保险有限公司所持有的中银保险有限公司全部股权	2005-01
中银三星人寿（原名中航三星人寿）	中银投资资产管理有限公司，中银间接控股	收购	2015年由中国银行全资控股的中银投资资产管理有限公司持股51%，韩国三星生命保险株式会社持股25%	2005-05
农银人寿（原名嘉禾人寿）	中国农业银行	收购	农业银行于2012年末出资认购原嘉禾人寿51%的股份，现有持股43.41%	2005-12
中邮人寿	中国邮政集团公司	自设	中国邮政集团持股50.92%，为中国邮政旗下国有全资寿险公司	2009-09
建信财险	建信人寿	自设	建信人寿持股90.2%	2016-10

资料来源：各家银行系保险机构官网。

第三节　中国保险业系统重要性评析

本节按照国际保险业对保险业系统重要性的判断标准，对中国保险业在金融体系中的系统重要性进行辨识。相比于美国保险业，中国保险业在金融体系中所占的比重、保险产品的创新复杂程度、保险投资的规模及与其他金融部门的交叉都远远不及美国保险业，目前中国保险业的发展阶段和国际保险业有较大差距，与金融市场的关联性远远低于发达国家的保险业。在这样的背景下，可以认为即使整个保险行业都破产，对整个金融体系的影响也是有限的，中国保险业在金融体系中的系统重要性尚不显著。

但近年来，随着中国保险业的快速发展，保险业已经从偏安一隅的小角色，逐渐步入金融大舞台的中心地带。伴随着保费规模的增长，以及保险产品的创新和保险投资的开放，保险公司的负债端和资产端都发生了显著变化，资产和负债高度联动，保险行业与其他行业的关联性日益增强，改变了传统保险行业的整体风险属性，使其在受到金融系统风险冲击的同时，也有可能成为系统性风险的来源，在金融体系中的系统重要性也日益上升。毋庸置疑，高速成长的中国保险业必将成为中国金融市场上具有重大影响的一支力量，对保险业系统性风险的防控将是我国防范和化解系统性金融风险的重要方面。

第三章　保险业系统性风险的
来源、扩散与生成机理的理论分析

第一节　相关概念辨析及界定

一、保险业系统性风险概念内涵综述

在 2008 年全球金融危机爆发之前，基本上没有专门针对保险业系统性风险的研究，2008 年全球金融危机爆发之后，由于 AIG 等大型保险机构陷入严重困境，保险业系统性风险才引起了国际监管组织和专家学者的关注。保险业系统性风险是目前理论研究和政策实践中一个被普遍接受却又意思含混的概念，现有文献大多在约定俗成的意义上使用这一概念，并未严格推定其特定内涵，而径直讨论保险领域可能

存在的系统性风险及其表现形式（郭金龙，2015；谢志刚，2016）。

在界定保险业系统重要性的概念之前，首先需要区分系统性风险的两个维度。国际清算银行（BIS）最早从时间和空间两个维度提及系统性风险的来源。一是时间维度。系统性风险的主要来源是经济顺周期性，金融部门与实体经济的正反馈机制会加大经济周期的波动幅度，金融与经济的共振会显著增强周期性波动对金融体系的冲击，危及金融安全。在时间维度上防范系统性风险的主要任务是削弱经济顺周期性。二是空间维度。特定时间点的金融系统性风险在空间维度上体现为系统重要性金融机构是系统性风险的重要来源。本书主要基于空间维度研究保险业系统性风险，重点关注系统性风险的扩散溢出效应。

基于空间维度的系统性风险研究，首要前提还需要对"保险业系统性风险"概念进行内涵界定。早期的学者对于系统性风险的认识更多地集中在银行业上。国际清算银行（BIS，1994）[①] 认为：系统性风险是系统中的参与者未能履行其合同义务进而引起其他参与者连锁的违约反应，从而导致更广泛的金融困境。该定义强调系统性风险产生的后果。

---

① BANK FOR INTERNATIONAL SETTLEMENTS（BIS）. 64th Annual Report [R/OL]. Basel, Switzerland；BIS, 1994.

Minshkin（1995）[1] 认为系统性风险来源于宏观冲击或是突发事件，从而扰乱金融系统的信息，使金融市场无法有效配置资金，对整个国民经济系统产生负面影响。该定义强调系统性风险的源头及后果。国际货币基金组织（IMF）、金融稳定理事会（FSB）和国际清算银行（BIS）将系统性风险定义为：由系统内部的主要部件所发生的故障（系统事故）导致的并将对整个经济体系产生严重的负面影响的系统运行故障[2]。该定义强调系统的边界、内因及后果。原中国保监会2016 年 3 月发布的《国内系统重要性保险机构监管暂行办法（征求意见稿）》第四条中明确指出，系统性风险是保险集团（控股）公司、保险公司及其附属机构等发生重大风险事件，由于难以维持经营而对国内保险业、金融体系和实体经济活动等造成重大不利影响的风险。原中国保监会之后在2016 年 8 月出台的《D-SII 监管暂行办法（第二轮征求意见稿）》中对系统性风险的定义做了修正，指出系统性风险是由于单个或多个保险机构的内部因素、保险市场和保险业外

---

[1]　MISHKIN, FREDERIC. Comment on Systemic Risk, research in financial serv-ices: Banking [J]. Financial markets and systemic risk, 1995（7）: 31-45.

[2]　FINANCIAL STABILITY BOARD （FSB）, INTERNATIONAL MONETARY FUND （IMF）, BANK FOR INTERNATIONAL SETTLEMENTS （BIS）. Guidance to assess the systemic importance of financial institutions, markets and instruments: initial considerations [J/OL]. http://www.bis.org/publ/othp07.pdf, 2009（10）.

部的不确定性因素，导致保险机构发生重大风险事件并难以维持经营，进而引发保险系统发生剧烈波动或危机，甚至将其负面效应传染至金融体系和实体经济，最终造成重大不利影响的风险。原中国保监会对系统性风险定义的变化主要强调保险业系统性风险产生的源头不仅包括保险系统内部的原因，还包括保险系统外部的各种不确定性因素。谢志刚（2016）指出，保险业系统性风险是由行业外部的不确定因素与行业内部各类行为主体的判断、选择及实际行为相互作用，导致运行结果严重偏离既定系统运行目标。王超、王向楠（2016）认为保险业系统性风险泛指系统性风险在保险领域内的具体表现形态，广义上是指经济运行中保险行业丧失基本功能，狭义上指个别保险机构无法分散的系统性风险，并给其他金融机构造成局部区域或者全局的负面影响。上述相关文献对保险业系统性风险的界定主要涉及以下四个要素：系统性风险中的"系统"边界的确定、系统性风险的起因（源头）、系统性风险的扩散和溢出、系统性风险的后果和损害。

二、保险业系统性风险概念内涵四要素

（一）要素一："系统"边界

对"系统"边界的确定，目的首先是区分风险事件是发生于系统内部（内因）还是系统外部（外因）或内外交互共同作用；其次考量这一冲击（风险事件的发生）能否及如何对"本系统"或"更大的系统"造成危害及负面影响。系统性风险是相对于某一参照系统及其预设的系统运行目标而言的。研究系统性风险，必须明确其究竟是指哪个"系统"，是全球系统还是国内系统，是金融系统还是保险系统等（谢志刚，2016）。"系统"的本义为同类事物按照一定的关系组成的整体（《现代汉语词典》第6版第1399页）。"系统"是一个相对概念，可大可小。聚焦经济领域，大到整个宏观经济，小到某个行业、公司都可被视为一个系统，而小的系统相互关联、交织组成更大的系统。如果以金融业为其参照系统，包括平安保险集团在内的保险机构都不具有系统重要性，但如果以中国保险系统为其参照系统，研究它们的系统重要性就是有意义的（谢志刚，2016）。结合第二章对中国保险业在金融体系中的系统重要性的辨识，本书将我国保险业系统性风险的"系统"边界界定为中国保险业系统，强调单个或部分保险机构的危机蔓延、扩散到整个中国保险业系统，进而影响中国保险业系统的稳定性。

（二）要素二：风险源头

系统边界的明确为系统性风险的源头界定提供了基础。依据系统边界，可将系统性风险的源头分为内因及外因。"外因"是保险系统内部的各机构主体无法控制或无法预知的系统外因素。系统内部各行为主体的自主行为，包括它们对外部环境因素的判断、策略选择和实施行动，都可能构成风险事件后果的内部原因，简称"内因"（谢志刚，2016）。"外因"指造成某种结果或局面的条件或环境，更强调其对事物发展的推动作用。"内因"指事物发展的根本原因，是引起事物发生变化的诸多原因中起到关键作用、决定作用的因素。根据唯物辩证法内外因辩证原理可知，二者在推进事物变化的全过程中相辅相成，缺一不可，但从系统性风险防控的视角来看，研究内因才是机制建立的重要抓手。

（三）要素三：风险扩散

系统性风险爆发的核心在于风险事件所造成的冲击如何在"本系统"乃至"更大的系统"发生扩散。李政等（2019）认为风险通过金融机构之间、不同金融部门之间以及金融系统与实体经济之间关联网络的传染放大机制是系统性风险爆发的核心所在，表现为系统性金融风险的溢出效应。陈建青等（2015）认为系统性风险外溢是指在金融危机中，某金融市场或机构遭受损失时，与其业务关联的其他金融机构无法独善其身，也会遭遇不同程度的损失。依据上述定义，系统性风险溢出包括多个维度，大到整个金融系统对实体经济的风险扩散，小到一家金融机构对其他机构的风险扩散都属于风险扩散的范畴。本书将保险业系统性风险扩散主体聚焦在保险机构，强调单个保险机构遭受不确定性冲击后对其他机构的风险扩散，进而增加保险业发生系统性风险的可能性。

（四）要素四：损失结果

中外保险业历史上的确发生过多次保险危机。如20世纪70年代美国发生的责任险危机（张瑞纲、许谨良，2012）；"卡特琳娜"飓风引起的大面积赔付；"9·11"事件后的保险公司破产潮；日本20世纪90年代出现的破产浪潮[①]。目前来看，还没有正式文献对保险危机带来的损失结果进行定义，本书将其界定为一种较为严重的行业性不利后果。这种后果和保险系统直接相关，包含但不限于以下四种情形：

（1）连锁性的保险公司破产。由于各种外部因素导致保险公司在一段时间内出现连锁性、大规模的破产潮。比如"9·11"事件带来十多家保险公司破产；"卡特琳娜"飓风引起的保险公司破产潮；日本在1997—2000年的资产泡沫破灭导致保险公司破产潮也属于此类案例。

（2）大范围脱媒出现。保险业的脱媒主要是失去现金流，无法及时变现应付退保和赔款。这种状况类似于银行业的挤兑。其主要原因是保险公司投资中发生期限错配，现金流预期和实际发生较大差异，变现能力差。

（3）大面积的保险公司承保能力下降。即使市场未出现

[①] 日本在1997—2000年有7家保险公司倒闭，资产泡沫破灭所导致的资金运作失误是其重要原因。据统计，1975—1986年，日本寿险公司投资于有价证券的比重从21.7%上升至41.5%，增加了近20个百分点。当"泡沫经济"破灭后，股价和地价暴跌，致使一些企业背上沉重的债务。

大规模破产潮，但保险公司资本损失严重，承保能力严重下滑，影响短期承保能力，导致保险市场费率飙升。或者由于保险业面临不利局面，投资者失去信心，从而从保险业大规模撤资，导致保险公司承保能力大幅下滑；或者再保险承保能力大幅下滑，也将影响直接保险市场的承保能力。

（4）保险业发生信用危机，保险需求短时急速下滑。和银行一样，保险业是一个极度依赖保险人声誉与信用的产业。一旦声誉出现下降，失去信用，保险业会面临较大的需求危机。如 20 世纪 80—90 年代美国出现的责任险危机、中国 2001 年曾出现过投资联结险危机。这些危机的典型特征，就是保险行业未能及时甄别新产品开发中隐含的信用风险，导致消费者对某类产品甚至对保险行业出现大规模的质疑继而发生保险信用危机。

三、保险业系统性风险的概念

在对保险业系统性风险概念内涵四要素辨析的基础上，本书将保险业系统性风险界定为：在保险系统外部不确定因素的冲击下，由于保险机构内部的原因，导致单个或部分保险机构陷入危机，并将风险进一步扩散到保险系统，进而引发保险系统发生剧烈波动或危机，对保险系统造成重大不利影响，产生严重的保险行业性不利后果，甚至将负面效应扩散到金融体系和实体经济，影响金融稳定及社会经济稳定。

四、系统重要性保险机构的概念

FSB 定义全球系统重要性金融机构（Global Systemically Important Financial Institutions，G-SIFI）为具有规模、市场重要性及全球互联性特征的金融机构，其困境或失败将导致全球金融体系的重大混乱以及对一系列国家的经济产生严重后果①。IAIS 在借鉴 G-SIFI 定义的基础上，指出 G-SII（全球系统重要性保险机构）是因其困境或无序故障对全球金融系统和经济活动造成重大破坏的保险机构②。对于 D-SII（国内系统重要性保险机构）而言，原中国保监会在其 2016 年发布的首轮 D-SII 征求意见稿中指出，D-SII 是指对金融保险体系有重要影响的保险集团（控股）公司、保险机构及其附属机构，其内部经营活动可能会导致系统性风险③。在这一阶段，原中国保监会侧重关注系统重要性保险机构对金融体系的系统重要性。2016 年 8 月出台的 D-SII 监管暂行办法

① FSB. Reducing the Moral Hazard Posed by Systemically Important Financial Institutions [R/OL]. Working Paper, 2010: 1. https://www.fsb.org/2010/11/r_101111a/.

② IAIS. Global Systemically Important Insurers: Updated Assessment Methodology [R/OL]. Working Paper, 2016: 6. https://www.iaisweb.org/page/supervisory-material/financial-stability/archive//file/61179/updated-g-sii-assessment-methodology-16-june-2016.

③ 原中国保监会. 对《国内系统重要性保险机构监管暂行办法（征求意见稿）》公开征求意见 [EB/OL]. http://www.cbirc.gov.cn/cn/view/pages/ItemDetail.html? docId=333318&itemId=951&generaltype=2.

（第二轮征求意见稿）中强调保险机构发生重大风险事件并难以维持经营，进而引发保险系统发生剧烈波动或危机，甚至将其负面效应传染至金融体系和实体经济，最终造成重大不利影响的风险。在这一阶段，原中国保监会侧重关注系统重要性保险机构对我国保险系统的系统重要性。结合保险业系统性风险定义，本书将系统重要性保险机构界定为：因其困境或无序故障对中国保险系统造成重大破坏的保险机构。"系统重要性保险机构"，顾名思义，特指那些在我国保险体系里具有系统重要性的机构。

第二节　保险业系统性风险的来源与触发

一、金融脆弱性与保险脆弱性

（一）金融危机及金融脆弱性

我们观察到，金融危机总是与人类社会的金融发展相伴而行。远至 1619—1622 年的普鲁士铸币危机、1636—1637 年的荷兰郁金香狂潮、1719 年法国的密西西比泡沫和 1720 年的英国南海泡沫，近至 1982 年的墨西哥金融危机、20 世纪 80 年代前半期美国银行接连倒闭的风波、1987 年华尔街股市崩溃、20 世纪 90 年代初日本"泡沫经济"破灭、1992 年的欧洲货币体系危机、1994—1995 年的墨西哥金融危机和

1997—1998 年的亚洲金融危机、2001—2002 年的阿根廷金融危机，以及 2007 年爆发的美国次贷危机和 2008 年爆发的全球金融危机，总在人类社会高歌猛进的同时提醒着我们，金融危机其实离我们并不遥远。一个显而易见但又容易被人忽视的事实是，金融危机与金融发展相伴而生，并有愈演愈烈之势，不仅频率越来越高，而且引起的损失也越来越大。

金融危机频繁发生，不仅给经济带来深重灾难，也一次又一次地摧毁着人们对金融体系稳定性的信心。于是开始有学者关注金融体系的不稳定特质（Unstability）。早期就有经济学家关注了金融体系的不稳定性并提出了自己的观点，如马克思（1877）、凡勃伦（1904）、费雪（1933）等。马克思针对 1877 年经济危机中银行大量倒闭的现象，认为银行体系加速了私人资本转化为社会资本的进程，但同时由于银行家剥夺了产业资本家和商业资本家的资本分配能力，自己也成为引起银行危机的最有效工具，加上其趋利性，虚拟资本运动的相对独立性为银行信用崩溃创造了条件。这是从信用制度的角度来分析银行脆弱性，其见解是十分深刻的。美国经济学家凡勃伦进一步发展了该假说。1904 年，他在《商业周期理论》和《所有者缺位》等文章中认为：一是证券交易的周期性崩溃在于市场对企业的估价依赖于并逐渐脱离企业的盈利能力；二是资本主义的经济发展最终导致社会资本所有者缺位，结果其本身内在地存在周期性动荡力量，这些力量主要集中在银行体系中（T. Veblan，1904）。费雪根据对 1929—1933 年金融大危机的切身体会，于 1933 年提出了 "债务—通货紧缩理论"，认为金融体系的脆弱性与宏观经济 周期密切相关，尤其是与债务的清偿紧密相关。正是过度负 债引起了债务—通货紧缩过程。按照费雪的观点，银行体系 脆弱性在很大程度上源于经济基础的恶化。这是从实体经济 中的经济周期问题来解释银行体系脆弱性问题，认为经济基 本面的变化是银行体系脆弱性的根源。这基本上代表了早期 研究者的观点。

20 世纪 70 年代以来，随着金融自由化、监管放松和经 济全球化的飞速发展，世界各国金融危机爆发的频率似乎越 来越高，并且愈演愈烈，对各国经济和金融发展带来了巨大 危害。据 IMF 统计，全球在 1970—2007 年共发生了 124 起银 行危机，其中在 37 个国家发生了 42 次系统性银行危机，在 危机发生后的前 4 年的平均损失达到 GDP 的 20%，政府在救 助银行上的支出平均为 GDP 的 13.3%[1]。随着金融一体化和 金融自由化的推动，危机爆发规模愈来愈大，破坏程度越来 越严重。2007 年美国次贷危机爆发，随后引发了席卷全球的 2008 年金融危机，令无数金融机构破产，国民财富损失过 半，全球经济出现二战结束以来最严重的衰退，众多发达国

---

① LUC LAEVEN, FABIAN VALENCIA. Systemic Banking Crises Database Ⅱ ［J］. IMF Economic Review，2020（b），68（2）：307-361.

家金融体系几近崩溃。不仅如此,很多金融动荡还滋生在相对封闭的金融领域内,金融风波发生之前宏观经济状况良好,金融动荡与实际经济的联系甚微。可见,传统的从外部宏观经济角度来解释金融危机发生的原因越来越缺乏说服力。这就迫使人们放弃传统的思维方式,从内因的角度即从金融制度自身来解释新形势下金融危机发生的根源。正是在这一背景下,金融脆弱性概念应运而生,人们转而从金融系统内部寻求危机的形成原因和防范对策,从而形成了金融脆弱性理论。金融脆弱性理论主张从金融系统内部寻求危机产生的原因,并从微观机制来考察危机的生成机制,有助于人们从更深层次理解危机的发生和对金融脆弱性的治理。

"金融不稳定假说"(Financial Instability Hypothesis)的形成始于 1963 年明斯基(Hyman P. Minsky)在任布朗大学经济学教授时发表的一篇著名论文《"它"会再次发生吗?》。而这一概念被正式提出和得到独立研究,则发端于 1982 年明斯基的《金融体系内在不稳定假说》一书,他在书中正式提出"金融不稳定"概念并对该概念进行了比较全面的阐述。这成为金融脆弱性研究开端的标志。他经过对信贷市场与经济周期的详细分析,得出了金融行业高负债经营特点决定了金融体系具有金融不稳定性的内在特性的结论。由于这一假说是一个被不断丰富和完善的理论体系,在发展过程中出现了版本各异甚至引喻失义的情况。鉴于此,明斯基在

1991 年整理出了一个逻辑完备的标准文本（Minsky，1991）。

频繁发生和愈演愈烈的金融危机事件提醒人们，金融体系的脆弱性及其严重性可能远超我们的想象。金融危机所造成的巨大产出损失，表明了降低金融脆弱性、提高金融稳定性与加强防范金融危机的重要意义。国际清算银行（BIS）在《银行业有效监管核心原则》中指出：一国银行体系的衰弱，无论这个国家是发达国家还是发展中国家，都可能危及本国和世界其他国家的金融稳定。金融业比其他行业更容易出"故障"，其根源在于金融业具有内在脆弱性。

在过去的三四十年里，随着国际货币体系的变化、信息技术的进步、管制的放松，金融一体化进程加速，有关金融脆弱性的研究正在形成一种新的趋势。国际货币基金组织（IMF）十分关注金融脆弱性问题，其货币与汇兑事务部一半以上的工作是从事与金融脆弱性有关的研究；IMF 还定期发布"金融稳定报告"，对全球的金融脆弱状况进行评估。在英国，英格兰银行约有 300 名工作人员从事与金融脆弱性有关的研究工作，伦敦金融学院金融市场小组的研究与英格兰银行的研究紧密相连；在美国，主要研究型大学为美联储和 IMF 的金融脆弱性研究提供了重要的学术成果（钱颖一、黄海洲，2004）。

（二）金融脆弱性的概念

金融脆弱性（Financial Fragility），又称金融不稳定性

（Financial Instability），也有学者用 Financial Vulnerability 一词。H. P. Minsky（1982）在《金融体系内在不稳定假说》一书中认为，经济膨胀与紧缩的这一内在不稳定集中体现在金融的不稳定上，在经济的平稳运行时期就埋下了金融不稳定的种子，随着经济的繁荣，经济主体不断加大债务融资的杠杆比例，最后金融变得不堪一击。金融不稳定假说在《新帕尔格雷夫货币与金融大辞典》中的解释是：私人信贷创造机构，特别是商业银行和相关贷款者具有某种内在特性，即这些机构不断地经历着危机和破产的周期性波动，这些金融中介的崩溃会传导到经济生活的各个方面，并引起总体经济的下滑。

关于金融脆弱性的经典定义还有一些，如克鲁格曼（2011）：金融体系容易发生金融危机的特性（Financial Fragility is the vulnerability of a financial system to a financial crisis）；Franklin Allen 和 Douglas Gale（2004）：金融脆弱性是指微小冲击可能带来巨大不利的程度（financial fragility as the degree to which... small shocks have disproportionately large effects）；Roger Lagunoff 和 Stacey Schreft（1999）：从宏观经济学角度看，金融脆弱性用于描述金融体系易于受到微小而普通的经济冲击而导致金融系统崩溃的一种特质（In macroeconomics, the term "financial fragility" is used ... to refer to a financial system's susceptibility to large – scale financial crises caused by small, routine economic shocks)。通过梳理金融脆弱性研究方面的文献，我们可以大致把金融脆弱性的定义区分成两类：

一类定义通常将金融脆弱性描述为金融系统的一种内在不稳定属性。Minsky（1982）极其敏锐地指出，金融脆弱性根源于金融机构资产负债表的两个特征：金融业高负债经营和资产与负债的期限不匹配的特质。王春峰（2003）等人把金融脆弱性理解为金融产品或资产的价格过于敏感的特性，一个很小的冲击就可能把金融体系推向危机的边缘，并把这种特性归结于金融产品价格不同于商品价格的三个特性，即金融产品价格是心理预期定价、金融产品价格变动具有规模效应、金融产品需求的高弹性。郑鸣（2007）也将金融脆弱性描述为金融系统与生俱来的内在特质，并将金融脆弱性区分为金融机构脆弱性（信贷市场的脆弱性）和金融市场脆弱性。他将金融机构脆弱性界定为根源于金融机构高负债经营的特点、资产与负债期限上的不匹配、资金供需双方的信息不对称以及委托—代理问题所产生的内在的不稳定的周期性行为；而市场脆弱性是指由于金融市场一切风险的集聚和积累，金融系统内在的不稳定性会产生放大和传染效应：一个小的冲击可能会被金融系统放大导致对整个经济系统造成很大的冲击。

另一类定义则将金融脆弱性描述为金融系统濒临危机边

缘的一种极端敏感状态或情形。Allen 和 Gale（1998）将金融脆弱性描述为一个很小的冲击就可以使经济陷入彻底的困境的状态，认为金融脆弱性是金融体系过度敏感性的一个极端情形。Goodhart et al.（2004）把金融脆弱性界定为：大量的居民和商业银行违约（未必会破产）和银行部门整体盈利能力的下降。伍志文（2002）认为，金融脆弱性是指金融制度、结构出现非均衡导致风险集聚，金融体系丧失部分或全部功能的金融状态。黄金老（2001）则将广义的金融脆弱性界定为一种趋于高风险的金融状态，泛指一切融资领域中的风险集聚，包括信贷融资和金融市场融资。

第一类定义通常也被称为狭义的金融脆弱性，将其界定为金融机构或金融市场内部的不稳定特性；第二类定义也被称为广义的金融脆弱性，将其界定为对外部冲击较为敏感而易于发生危机的一种脆弱状态。两类定义都试图对金融系统经常陷入困境而表现出的不稳定性事实进行描述或解释，实际上是对金融脆弱性的不同层次的界定，前者强调这种不稳定现象的原因，即金融系统的内在脆弱属性；后者则强调这种不稳定现象的状态，即金融系统所处的敏感性状态。

早期的研究主要从狭义概念上来理解金融脆弱性，而现在的研究则更多地将金融脆弱性视为一种高度敏感的状态。在广义概念基础上，金融脆弱性是可以被度量的，进而可被应用于评估金融系统的稳定状态；同时，这种脆弱性也是可以比较的，从而可被应用于讨论脆弱性的舒缓和治理，因而，广义的金融脆弱性概念促进了金融脆弱性理论的扩展和应用，在研究中具有更高的接受程度。

综合上述关于金融脆弱性、金融稳定性（不稳定性）的各种定义及发展演变，我们定义金融脆弱性为：金融系统由于自身杠杆经营、期限错配等内生原因而导致的容易受到外部冲击影响，发生周期性功能失当，从而引发局部或者全局金融危机的内在属性。这一定义指出了金融脆弱性的两个最核心本质：

（1）明确金融脆弱性概念从体系内部加以定义。这一概念类似人体健康状态评估，体系健康则脆弱性低，体系不健康则脆弱性高，容易引发金融危机。这一概念与外部因素无关。从内生健康状态来定义脆弱性，有利于将脆弱性与内外结合的稳定性区别开来。

（2）明确金融脆弱性的根本来源是杠杆经营的产业特征，以及借短还长的期限错配。当然，对金融脆弱性生成的原因，经济学家们很多不同的解释，但最根本的还是这两条。

(三) 金融脆弱性的生成机制

美国经济学家明斯基（H. Minsky）认为银行内在脆弱性是银行业的本性，是由银行业高负债经营的行业特点决定的。1991 年，他再次撰文《金融不稳定假说：一种澄清》，对该假说做了系统阐释。明斯基主要从企业角度研究信贷市场的脆弱性，认为信贷市场上的脆弱性主要来自借款人的高负债经营。明斯基还解释了如此现象循环往复的两种可能的原因：一是代际遗忘，二是竞争压力。他认为，以商业银行为代表的私人信用创造机构和借款人的相关特性使金融体系具有天然的内在不稳定性。金融不稳定假说阐述了由资本主义不断发展而产生的一种金融风险生成机制，这为我们把握宏观金融风险的形成提供了一个理论依据。但是明斯基的解释缺乏微观基础，在很大程度上依赖于准心理学的判断来解释经济主体的非理性行为。

沿着明斯基的研究方向，Kregal（1997）从银行角度研究信贷市场的脆弱性，提出了"安全边界说"，指出银行不恰当的评估方法是导致信贷市场脆弱的主要原因。其他理论强调的是影响存款人信心的因素。Diamond 和 Dybvig（1983）在 *Bank runs, deposit insurance, and liquidity* 一文中提出了著名的 D-D 模型，论述了在金融市场上有可能存在的多重平衡。他们认为银行提供期限转换机制，借短贷长，这种独特的经营使得银行可能处于"挤提式"平衡之中。该研究指出，对银行的高度信心是银行部门稳定性的源泉，认为银行系统脆弱性主要源于存款者的流动性要求的不确定性以及银行的资产较之负债缺乏流动性。顺着这条思路，Jacklin（1986）、Jacklin 和 Bhattacharya（1988）研究了生产回报不确定性带来的银行体系的脆弱性，明确提出了可能引起挤兑的因素，并认为挤兑是由经济上相关指标的变动引起的"系统性事件"。Gorton（1985）则研究了"噪声"指标是如何导致银行被挤兑的。Dowd（1992）继续这一研究，认为如果银行资本充足的话，公众没有理由害怕资本损失，不会参与挤兑。但是资本充足率是多少才能有效防止挤兑呢？目前尚没有科学的研究结论。这些研究总体上强调的是影响存款人信心的因素，对银行系统脆弱性原因缺乏令人信服的解释。

最近，随着信息经济学和博弈论以及行为金融学的兴起，越来越多的研究强调了投资者所能获取的信息及其预期对于解释金融市场行为的意义，形成了金融机构的内在脆弱性理论。Stiglitz 和 Weiss（1981）的研究表明，相对于贷款人，借款人对其贷款所投资的项目的风险拥有更多的信息，从而产生了信贷市场上的逆向选择和道德风险。Guttentag 和 Herring（1984）将信息不对称方面的理论扩展到可能采取的信贷配给做法上，指出信贷配给现象随着不确定水平和银行体系的脆弱性的提高而增加。Mishkin（1996）强调了导致逆向选择问题的放款人和借款人之间的信息不对称。最近的研究针对的是作为银行危机从一国向别的国家蔓延的根源的金融市场的信息不对称。Kodres 和 Pritsker（1998）发展了一个关于银行危机蔓延的决定因素的多资产理性预期模型，认为银行危机蔓延效应对一国的负面冲击取决于该国的宏观经济状况和经济中的信息不对称水平，还指出在存在套期保值机制的情况下，即使两个国家没有什么共同的宏观经济风险，也有可能发生银行危机的蔓延，许多亚洲国家就曾经历过这种情况。正是因为存在着信息不对称而导致的信贷市场上的逆向选择和道德风险，以及因信息不对称所产生的存户"囚徒困境"引起的存款市场上的存款挤兑，因此金融机构具有内在脆弱性。

1997 年亚洲金融危机爆发之后，对银行脆弱性问题的研究出现了一轮新的高潮。新一轮的金融部门研究结果表明，对产出、价格和贸易条件的宏观经济冲击，资产价格的波动以及不适当的货币政策和汇率政策，都会导致金融压力并成为内在脆弱的金融体系出现危机的原因。Frankel 和 Rose（1996）以及 Sachs、Tornell 和 Velasco（1996）的研究则强调了对外借款尤其是外币面值的短期债务对于测度通货膨胀和货币风险程度的重要作用。Krugman（1998）认为道德风险和过度投资交织在一起，导致了银行危机。政府对金融中介机构的隐性担保和裙带资本主义也是主要原因之一。Mckinnon 和 Pill（1998）则强调了过度借债的作用，特别是当非银行部门盲目乐观时，会出现信贷膨胀导致宏观经济过热，从而导致银行系统的不稳定。Corsetli、Pesenti 和 Roubini（1998）则认为投资者意识到了银行与公司债务的基本面出了问题才会引发这场危机。Stiglitz（1998）和 Demirgul-Kunt、

Detragiache（1998）则注意到了实行金融自由化的影响，认为时机尚未成熟和条件尚不具备时实行金融自由化，增加了整个金融体系的风险，加剧了银行系统的脆弱性，严重时会导致危机的发生。最近的研究开始关注汇率制度选择对金融脆弱性的影响及其传导机制问题。

（四）保险脆弱性

脆弱性研究已经成为金融学领域的重要理论课题。这一概念诞生已有较长的历史，经过金融学者们艰苦卓绝的努力，已经结出丰硕的果实，形成了一个庞大的研究群体，并获得了为数众多的研究成果。但金融脆弱性的研究多集中于信用体系，在银行业得到广泛而深入的发展。这些理论对于发展中的保险业是可以借鉴和运用的，因此本书在借鉴金融脆弱性理论的基础上，将保险脆弱性界定为保险系统在外部冲击下容易陷入保险危机的内在天然属性，是保险业高负债经营、资产与负债期限错配、严重的信息不对称、巨灾事件的易感性（vulnerability）等产业特征所决定的容易出现破产等产业动荡的内在特质。脆弱性概念类似人体先天健康状态，先天健康则脆弱性低，先天不足则脆弱性高，容易引发危机。从内生先天健康状态来定义脆弱性，有利于将脆弱性与外因、后天内因区别开来。

1. 保险业的高负债特性

高负债特性是金融体系脆弱性的基本来源之一。对于保险业来讲，财险业负债率普遍在 60%～80%，而寿险业负债率则高达 80%～90%，甚至有的达到了 95%。高度依赖负债的一个后果是，财务成本高，资本结构脆弱，容易受到现金流波动的冲击。加之保险业的高负债来源于众多的投保客户，一旦保险公司陷入财务危机，影响范围广，波及领域大，很容易引起保险信用机制全面坍塌。高负债特性是金融脆弱性的一般性来源，保险业的高负债特性具有独有的行业特征。

2. 保险业的资产与负债期限错配

保险业负债来源是保险合同所带来的保费，其期限取决于赔付期限。普通寿险合同的赔付期限，或者是合同到期，或者是保险事故发生，因此，保险负债的期限是一个随机事件，很难准确预测。财险业务的负债期限一般来说也是依据保险事故，但总体来说期限较短，一般在一年以内，因此也具有随机性。保险资产的期限则依赖于保险公司投资决策，总体上需满足资产与负债匹配的投资要求。由于保险负债的期限无法事先准确确定，资产与负债的久期匹配对保险公司来说是一种难以达到的理想状态，因此，资产与负债的期限错配会常态性地存在。在这种情况下，由于现金流波动的影响，很容易将流动性问题转化为流动性危机。

3. 保险业的信息不对称问题

保险合同是探讨信息不对称问题的经典场景（Rothschild、Stiglitz，1976）。保险合同双方均掌握一定的信息优势以保障保险合同的顺利执行。但天生的信息天堑使得保险体系的信息问题向来是保险公司管理和技术升级必须面临的棘手问题。随着保险技术的逐步发展、管理的日益精细化，保险公司可以通过风险池的形式对来自客户的信息不对称加以有效管理。但保险技术日益复杂、保险产品种类繁多，期限一般长达十年甚至数十年，对于投保客户来说，保险公司的信息不对称状况越发严重。信息不对称可能引发保险公司的道德风险和逆向选择行为，通过行业传染机制引发大规模保险危机。在保险体系信息不对称情况下，小的、局部的保险合同失败也许可以转化为大的、全局性的保险危机。

4. 保险业对巨灾事件的高敏感性

科技的发展日新月异，但人类在自然灾害的面前仍然缺乏足够的预测能力和抵抗能力。保险业虽然能应对绝大多数的个别风险，但对巨灾的防范能力仍有待提升。多年来，巨灾在给人类社会带来巨大损失的同时，也一次又一次地考验着保险体系的稳定性。巨灾过后，风险暴露过多的市场无一例外，均呈现大批保险公司消亡的悲壮场景。保险供给极度萎缩，市场由弱（soft）转强（hard），保费飙升，保险市场由此而进入新一轮盛衰转换的周期。由此可见，对于管理人类社会各种纯粹风险的商业机构而言，巨灾的存在是对保险业的一种威胁（虽然同时也蕴藏着无穷的机会）。我们把对巨灾事件的敏感性视为保险脆弱性的一种内生因素而不是外生因素。

二、保险公司治理的特殊性及治理风险

(一) 保险公司治理的特殊性

与一般企业相比，保险机构的高负债、风险的集中性、保险产品的特殊性、保险保障基金保护、受监管程度及其破产对经济社会产生的影响等方面存在明显差异，从而使其治理机制存在明显的特殊性（李维安 等，2005；孟彦君，2007；钱琨，2008；沈蕾，2009；魏思博，2010；汤丽，2010）。

1. 股东"高风险"冒险动机强烈

与一般企业不同，保险公司具有"高负债、高杠杆"的财务结构，保险公司可以借助保单的销售来筹集几倍甚至十几倍于资本金的债务。在主要资金几乎全部来自外源融资（债务资本）的情况下，一旦保险公司倒闭，将在更大程度上使保单持有人而非股东的利益受到损失。"少本经营"致使保险公司股东极可能变成风险偏好者（risk-lover），因为即使保险公司因风险过大发生倒闭，股东的损失也仅限于投资于保险公司的资本金，而如果保险公司过度冒险，高风险所伴随的高收益则会给股东带来丰厚的回报。保险公司自身特殊的财务结构促进了股东的风险扩张冲动。一般企业的股东也会因为股权的有限责任制带来的"期权性质"而具有通过扩张风险提高自身剩余收益的冲动，但普通公司具有"高股权、低债权"的财务结构，巨大的利益参与决定了公司经

营失败将在最大限度上损害股东利益。因此，一般企业的股东通常是风险厌恶者（risk-aversion）。

2. 保单持有人"债权人治理机制"缺失

一般企业的债权人可以通过事前的债务契约设计、长期负债的风险溢价和短期负债带来的到期还本付息压力，对公司风险行为进行抑制，因此一般企业的债权人可以对企业风险行为进行严格的控制。但对于保险企业而言，存在着以保险保障制度（明确的或者非明确的）为代表的安全网，使得保单持有人认为即使保险公司破产自己的保单仍会得到保障，相信政府总会干预保险公司破产的过程，向保单持有人提供完全保障，保险公司有"国家保证"的印象。保险保障基金制度的存在一方面降低了保单持有人对保险公司经营活动的监督激励，另一方面也激励投保人积极选择高收益的保险公司，这也进一步增强了保险公司"高风险"冒险行为冲动，以提高公司预期收益。拥有保险公司主要资产的保单持有人不直接参与保险公司经营活动，并且因此在信息严重不对称及政府提供保险保障的情况下，监督的高成本和免费搭便车问题使保单持有人缺乏监督激励，"债权人治理机制"难以有效形成。

3. 保险公司治理目标的特殊性

在现代公司制度下，股东是公司治理运转的核心，股东主要通过股东大会的投票权（用手投票）和买卖股票（用脚投票）来约束经营者可能的偏差，进而实现自身的治理意图。与之相似，保险公司股东在公司治理中也居于举足轻重的地位。但不同的是，保险公司股东的风险偏好，不仅可能使股东自身怠于风险管理，而且可能导致股东设法给经营者提供过度冒险的激励来诱导经营者的冒险行为冲动，以追求高额利润，保险公司股东具有与经营者合谋侵害保单持有人利益的倾向。Anginer et al.（2018）研究发现，"股东—经营者"友好型公司治理机制与银行个体风险和系统性风险传染溢出正相关。普通公司治理中最主要的"股东—经营者"的利益冲突问题将在保险业转换成最主要的"股东—保单持有人"的利益冲突。如何通过制约股东与经营者的合谋、改善内外部信息不对称状况、控制经营风险以保护保单持有人的利益，则成为保险业公司治理机制建设的根本目标所在。

（二）保险公司治理风险

　　保单持有人是保险公司最主要的债权人，但因为其分散分布、信息不畅和易于"搭便车"等特点，需要保险监管者代表保单持有人的利益来行使"债权人治理"机制。保险监管部门如何代表保单持有人的利益来行使实质上的"债权人治理"权利，是保险业公司治理的关键。如果监管不能到位，"债权人治理"机制会存在缺陷，在高杠杆和保险保障制度安全网的双重激励下，保险公司经营中的审慎性会有所降低，股东和经营者的"恶意冒险"动机会增强，最终侵害保单持有人利益，偏离治理目标。目前学术界没有给出"治理风险"概念内涵的统一界定，较早给出其界定的是 David Crichton - Miller 和 Philip B. Worman（1999）①。他们基于"股东—经营者"利益冲突的视角，将治理风险界定为因公司治理制度设计不合理或运行机制不健全，给公司持续经营带来的不稳定性以及对公司总价值的影响，进而对投资者的利益产生威胁。纵观其他相关文献对治理风险的界定，基本都认同公司治理风险源于公司治理机制的不健全，表现为偏离治理目标（李维安，2005；胡强，2006；李亚，2008；田中禾，马小军、张慧琴，2010；顾孟亚，2014）。

基于现有文献治理风险概念界定中对"治理机制"及"治理目标"的强调，结合保险公司"股东—保单持有人"利益冲突及保险公司的治理目标的特殊性，本书将保险公司治理风险概念界定为：由于保险机构"股东—保单持有人"利益冲突的特殊性，因"治理机制"不健全（治理缺陷）而导致保险公司治理目标偏离的可能性，给公司持续经营带来

① CRICHTON-MILLER, WORMAN. Seeking a Structured Approach to Assessing Corporate Governance Risk in Emerging Markets, Winning Essay [R/OL] // Essay Competition in honour of Jacques de Larosiere. The Institute of International Finance, 1999.

的不稳定性，从而对保单持有人的利益及其他相关利益人带来损害的风险积累。保险公司治理风险的产生机理如图 3-1 所示。

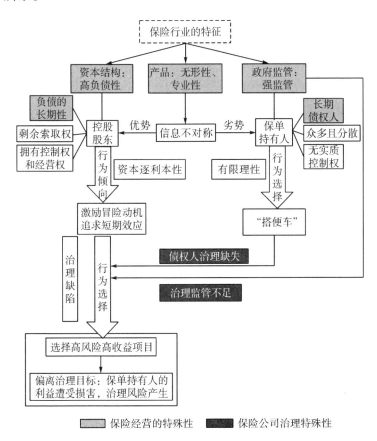

图 3-1　保险公司治理风险产生机理

三、外部冲击、治理风险与风险触发

外部冲击是指保险系统外部不确定因素导致的冲击。外部冲击通常是由以前未发生过的冲击事件导致的，作为决策者的市场参与主体对于其所面对的各种局面，不仅无法预测各种确切结果，而且对于相关结果的性质及发生的概率亦不能做出预测（王超，2014）。系统性风险的演变规律在于，在经济繁荣时期风险隐蔽性较强但不断积累，一旦外部宏观条件变化或发生系统性风险事件，就会迅速形成信用危机，形成系统性风险（朱伟忠、金致远，2017）。经济周期变动、监管机构政策调整、金融市场变化、严重的信用危机、投资失败、巨灾事件等外部触发事件，均可能成为诱发保险业系统性风险的外部冲击。

如果用人的健康风险来比喻保险机构的风险，保险机构因为具有天然的脆弱性，先天免疫外部冲击的抵抗力不足，需要后天建立良好的健康意识和健康管理习惯来增强风险免疫力。"免疫"一词来自医学范畴，医学中的免疫是指人体自身的防御机制，是人体识别和消灭外来侵入的任何异物的一种机制。"免疫力"是人体识别和排除"异己"的生理反应能力。人体内执行这一功能的是免疫系统。公司治理作为保险公司的"大脑和神经"，从根本上指引保险公司的行为决策。良好的公司治理机制可以有效地指引保险公司提高风险管理水平，控制经营风险，类似于人体的免疫系统。健全的治理机制可以提升保险机构的风险免疫力，是保险机构有效抵御外部冲击的重要保障。结合"保险公司治理风险"的定义，当治理机制不健全或存在治理缺陷时，在股东利益的驱使下，治理风险会减弱保险机构抵御外来冲击的能力，导致单个或部分保险机构陷入危机。保险公司不受控制的外部冲击事件作为直接原因，治理机制不健全导致股东高风险冒险动机才是内部根本原因，在外部冲击刺激下潜藏的治理风险就会被暴露和放大。

多次金融危机的爆发显示，治理风险才是金融机构的根本风险。保险公司的治理模式不应形成"股东治理"的单一主导模式，而应更加注重对利益相关者的利益保护，特别是对保单持有人利益的保护。保险业应该加强行业治理机制的建设，以外部治理作为重要补充机制，治理监管作为重要保障体系，逐步形成公司自主治理、行业自律、第三方治理和政府监管"四位一体"的行业治理模式，培育和激发保险机构防范风险的内生动力和主动性，督促保险机构积极强身健体，提高自身的风险免疫力和降低风险的传染性，从内生根源上防控系统性风险。

第三节　保险业系统性风险的扩散与溢出

一、保险业系统性风险的共振扩散

（一）基于资产价格的共振扩散效应

基于资产价格的共振扩散效应，是指当市场环境逐渐恶化时，一家或多家金融机构资产大幅缩水，理性的金融机构大量抛售减值资产以减少损失，从而产生价格下行的压力，使持有同类资产的机构市场价值下跌，最终导致整个市场陷入价格下跌→同类资产贬值→抛售→价格再跌……的恶性循环，推动危机深化。例如 A、B 公司共同持有 C 公司资产，一旦外部市场环境变化导致 C 公司资产缩水，而 A、B 两家公司持有的这类资产均面临下跌的可能性，造成 A、B 公司同时陷入危机。扩展到真实市场中，多家公司共同持有某类资产，一旦市场恶化，将导致这些公司发生共振，直接导致系统性风险。

（二）基于信息与非理性行为的共振扩散效应

信息的快速传播、经济社会参与者的非理性行为往往同时出现并造成危机的快速扩散。随着信息科技的快速发展，信心和恐慌的传染更为迅速，极易造成大规模的市场信心崩溃。一些机构财务问题的披露首先对其交易对手方产生不确定的影响，同时造成其他机构面临类似困境的市场信心动摇，导致投资者和金融消费者对金融市场和金融机构信心一落千丈，从而无视相关机构的风险水平而抽撤资金并相互模仿，加剧市场上的抛售行为和流动性兑付压力，造成市场恐慌及市场流动性不足。在此行为中，个体的审慎行为造成了群体的非理性结果，即单个金融机构、投资者、金融消费者为控制风险而做出的行为是理性的，但它们的一致行为将导致整个市场无法承受从而引发系统性危机。系统性风险扩散中包含了独特的"合成谬误"和"自我实现预言"，表现为一家机构发生危机→信息快速传递→个体理性行为→群体非理性结果→……→多家机构发生危机。

（三）保险系统的共振扩散效应

有学者认为金融体系内的系统性风险似乎不仅仅是单个机构风险扩散的集合，还包括一个不可忽视的组成部分：金融机构共同风险暴露所产生的系统性风险——这对于金融体系来说同样具有系统重要性[1]。2017 年 12 月 8 日，IAIS 进一步出台了以活动为评估基础的方法（Activities-Based Approach，以下称 ABA 方法）咨询意见稿。咨询意见稿中指出：ABA 方法与此前以实体为评估基础的方法（Entity-Based Approach，

---

[1]　OSCAR B, JEAN-YVES G, GRÉGORY GUILMIN. Assessing the Contribution of Banks, Insurance and Other Financial Services to Systemic Risk [J]. Journal of Banking & Finance, 2014, 47 (10): 270-287.

以下称 EBA 方法）不同。EBA 方法聚焦于评估大型机构失败危机或破产可能对金融部门甚至实体经济造成极大的负外部性影响，ABA 方法着重于评估全行业的困境，即在外部冲击下，即使规模较小的保险机构集体所产生的共同风险暴露的叠加共振效应也可能对全行业带来负外部性影响。系统性风险不仅产生于某一家大型机构的失败，而且还源自一家或多家公司对外部冲击的共同风险暴露，这与此前 EBA 评估方法并不相矛盾①。EBA 方法是基于多米诺骨牌观点，即一个机构的失败导致冲击传播到其他机构，而 ABA 则是基于海啸观点，即在外部冲击下，即使规模较小的保险机构集体所产生的共同风险暴露的叠加共振效应也可能对全行业带来系统性影响，此类来自共同面临某些风险的保险机构的集体行为，从"集体"这一宏观层面上对保险业这个系统来说具有"系统重要性"②，"太多而不能倒""太相似而不能倒"的共振扩散风险是保险系统性风险不可忽略的重要方面。

我国保险行业产品同质化严重，特别是中小型保险机构，还面临着同质化的"治理风险"问题。治理风险不但影响到中小型保险机构的个体风险爆发，多家规模较小的中小型保险机构如果同时爆发，还会影响系统性风险的共振扩散

---

① BERDIN E, SOTTOCORNOLA M. Systemic Risk in Insurance：Towards a New Approach ［J］. Safe Policy Letter, 2017（62）.

② IAIS. Activities-Based Approach to Systemic Risk Public Consultation Document ［R］. Working Paper, 2017：8-31.

效应，产生较大的负外部性。另外，一旦保险公司的某一险种出现难以偿付或者受到监管机构的处罚，那么其他保险公司该险种的业务销售同样会受到投保人或监管机构的关注。甚至由于信息不对称的存在，投保人往往会把问题严重化，导致群体性的"退保潮"或者"续保难"。大面积的退保会造成多家保险公司出现流动性危机，风险共振扩散引发系统性风险。

二、保险业系统性风险的传染扩散

（一）基于交易对手方风险暴露的传染扩散效应

基于交易对手方风险暴露的传染，是指外部环境恶化导致一些机构发生违约，无法履行合同义务，更进一步引起其中一些交易对手连带违约，形成一家机构违约→交易对手连带违约→……→多家机构违约，造成金融体系的关联震荡。

以两家金融机构 A、B 为例说明，假设 A、B 之间签订资金往来合同，其中 A 为债权方，B 为债务方。一种情况是外部市场环境变化造成 B 公司发生危机，直接导致 B 公司无法按期偿还 A 公司债务，A 公司资产价值贬值。如果 A 公司出现严重的流动性风险，则会导致 A 公司陷入危机。如果 A 公司的危机继续对它的交易对手方产生影响，则会导致危机扩散。另一种情况是外部市场环境造成 A 公司危机，B 公司可能面临提前偿还的风险，如果 B 公司没有足够的流动资金，则需要提前终止投资项目等，这会对 B 公司的正常经营产生影响。现实情况中，金融机构之间资金往来频繁，债权债务关系复杂，极易造成信用违约风险在机构间、行业间传染。

以两家保险机构 A、B 为例说明，假设 A 为原保险公司，B 为再保险公司，A、B 之间签订再保险合同，实现风险分散与风险共担。一旦外部环境导致 B 公司发生危机，无法履行再保险合同中约定的义务，导致 A 公司需要额外承担已经分散给 B 公司的风险，原保险公司面临的风险敞口增大。现实情况中，多家原保险公司的承保风险在少数几家再保险公司进行分散，再保险市场的风险容易传染到原保险市场。

（二）保险系统的传染扩散效应

如果只是基于单独的银行体系和保险体系，则银行体系内的传染渠道来源于各银行机构间的支付体系；保险体系内的传染渠道则主要来源于原保险机构和再保险机构之间的风险转移。纯粹风险通过再保险机制被转移给再保险机构，再保险机构通过超赔再保险再将风险"层层转包"，形成了保险领域风险的转移和分散机制。然而这种转嫁可能因为巨灾损失或者中间链条的断裂而出现系统性风险（赵桂芹、吴洪，2012）。从理论上来说，再保险机构信用违约风险会对原保险机构产生影响，进而可能会造成保险行业动荡。从实证分析来看，无论是繁荣发展的国外保险业还是处于市场深化改革中金融环境错综复杂的国内保险业，众学者在研究再保险所产生的系统性风险时，大多基于再保险机构对原保险机构的传染扩散影响，而非原保险机构对再保险机构的传染扩散影响（Park et al.，2014；Van Lelyveid et al.，2011；王丽珍，2015）。相关学者认为，即使在极端情况下，再保险机构的信用违约风险也难以引发保险业系统性风险（Van Lelyveld et al.，2011；Park、Xie，2014；王丽珍，2015）。再保险市场危机确实会降低原保险机构经营的稳健性，但即使再保险机构大规模破产，也只会对少数原保险公司产生不利影响，不至于引发系统性风险（Cummins、Weiss，2011）。因此在保险体系内，保险业系统性风险的传染扩散效应不显著。

如果在保险体系外，保险体系与其他金融子行业的投融资业务、交叉持股等方面增强了风险的关联性，特别是大型而复杂的保险集团，因其较大的规模，则面临更大的风险敞口及风险关联性，其产生的传染扩散效应更强，治理风险也是影响其系统重要性及风险传染扩散的一个重要因素。AIG失败的根源就是其治理失效导致的系统性风险传染扩散。中国保险集团正在向综合经营的模式转变，业务范围、投资决策等方面的复杂程度越来越高，对其治理能力有着越来越高的要求，但目前保险集团的治理能力没有匹配其风险关联复杂度的问题也越来越突出，治理风险对其风险传染扩散效应的影响也越来越显著。

第四节　保险业系统性风险生成机理的理论分析框架

本章在对保险业系统性风险概念内涵的四要素，即系统边界、风险源头、风险扩散及损失后果进行梳理的基础上，结合我国保险业的现实，对保险业系统性风险的概念内涵进行了界定。保险业系统性风险的外因来自保险机构无法控制的系统外部不确定因素带来的冲击，比如经济周期变动、监管机构政策调整、金融市场的变化、严重的信用危机、投资失败、巨灾事件等。保险业系统性风险的内因来自两个方面，一是保险机构先天"脆弱性"，二是保险公司"治理机制缺陷"带来的后天治理风险。健全的治理机制不但可以提升保险机构的免疫力，是保险机构有效抵御外部冲击的重要保障，而且能减少系统性风险的共振扩散与传染扩散的负外部性影响。

中国保险业处于新兴市场经济体中，系统性风险的来源、表现形式和特点与发达市场存在较大的差异，发达国家或者地区对保险业系统性风险判断的依据强调"冲击—传导"的分析方法，更多地关注宏观经济及交易对手的风险暴露引发的系统性风险。中国保险业系统性风险的影响因素不仅与外部冲击及冲击后的扩散相关，更与保险业内在脆弱性及治理机制的不健全相关。

结合上述理论和中国现实分析，我们将构建保险业系统性风险的生成机理的理论分析框架，如图3-2所示。在外部不确定因素的冲击下，由于保险机构自身的脆弱性及治理风险不断积累，将导致单个保险机构陷入危机，并增加保险业系统性风险的扩散溢出，导致保险系统发生剧烈波动或危机，破坏保险系统的稳定性。一旦超越风险保障阈值，其负面影响将进一步扩散到金融系统和实体经济，影响金融稳定和社会经济稳定。

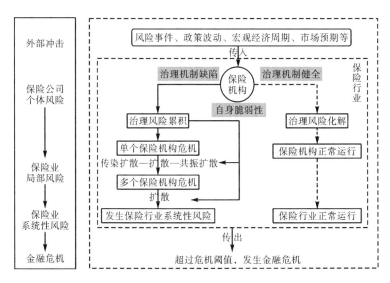

图3-2 保险业系统性风险生成机理的理论分析框架

第四章 中国保险业系统性风险影响因素之治理风险辨识

第一节 安邦保险"虚假注资"的治理风险辨识

一、案例背景介绍

安邦保险集团（简称"安邦保险"）正式成立于 2011 年，由安邦财险经集团化改组而成，总资产约 19 710 亿元，拥有 13 家子公司①（见表 4-1 所示），是一家大型保险金融集团。

---

① 安邦保险集团官网：www.anbanggroup.com。

表 4-1　安邦保险集团子公司列示

成立时间	公司名称	注册资本
2004 年	安邦财产①	619 亿元
2006 年	和谐健康	89 亿元
2010 年	安邦人寿	307.9 亿元
2011 年	安邦资管	6 亿元
2011 年	安邦资管（香港）	2 亿港币
2011 年	成都农商行（收购）	100 亿元
2011 年	和谐保险销售	5 000 万元
2011 年	北京瑞和保险经纪	5 000 万
2011 年	安邦财产保险	370 亿元
2013 年	邦银金融租赁	10 亿元
2013 年	安邦养老保险	33 亿元
2014 年	邦融汇互联网	2 亿元

资料来源：安邦保险集团官网及各子公司官网

　　安邦保险由一家小型保险公司，仅仅经历 10 年的发展就成长为一家总资产近 2 万亿元的金融大鳄，但发展"势如破竹"的安邦保险却在 2018 年 2 月被原中国保监会接管②，这不同于以往直接运用保险保障基金对中华联合和新华保险

———————

① 安邦财险成立于 2004 年并于 2011 年改组为安邦保险集团。
② 《中国保监会关于对安邦保险集团股份有限公司实施接管的决定》（保监发改〔2018〕58 号）〔EB/OL〕. http://xizang.circ.gov.cn/web/site0/tab5216/info4099596.html.

进行注资，而是直接由接管小组行使安邦保险"三会一层"的大部分职责。

安邦保险旗下安邦人寿和安邦财险在 2016 年第四季度末净现金流分别为 260 亿元、890.02 亿元，而 2017 年第一季度末净现金流分别为-57.04 亿元、-191.02 亿元①，面临严峻的现金流压力，同时 2017 年第一季度偿付能力充足率较上季度末下降。同时，安邦系的安邦财险、安邦人寿和和谐健康迟迟不公开 2017 年第二季度偿付能力报告，之后安邦保险也因偿付能力问题被原中国保监会接管。偿付能力不足主要是因为其股东虚假注资 98%，实际资本不足 2%，存在严重的资不抵债的情况。图 4-1 展示了安邦虚假注资的过程。

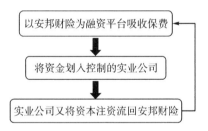

图 4-1　安邦保险集团虚假注资过程示意图

首先，利用安邦财险进行融资。2012 年起，安邦财险的"保户储金及投资款"出现井喷式增长的情况，2016 年的保户储金及投资款已是原保费收入的 9 倍（表 4-2）。安邦财

---

① 网易新闻. http://news.163.com/17/0427/21/CJ2CDU5I000187VE.html.

险的保户储金及投资款主要来自"安邦稳赢"和"安邦共赢"两类理财产品。截至 2017 年 1 月 5 日，安邦保险累计向超过 1 000 万人次销售了投资型保险产品，最终实际销售额7 238.67亿元。

表 4-2　2010 年至 2016 年安邦财险经营情况　单位：亿元

年份	2010	2011	2012	2013	2014	2015	2016
原保费收入	70.31	44.17	44.22	48.85	51.54	52.62	54.08
保户储金及投资款	92.54	—	691.54	974.70	1 044.43	1 735.50	4 630.90

数据来源：安邦财险年报。www.ab-insurance.com.

其次，将保险资金划入实业公司。吴小晖借助其担任安邦财险副董事长，全面负责安邦财险的经营管理的职务便利，利用手中的控制权和经营权，两次指使工作人员采取划款不记账的方式，将所募保险资金陆续划入其实际控制的实业公司（表 4-3）。

表 4-3　安邦保险职务侵占情况表

时间	方式	金额	去向
2007.01	划款不记账	30 亿元	29.25 亿元用于支付吴小晖实际控制的产业公司拖欠工程款及利息 0.75 亿元沉淀于吴小晖实际控制的产业公司
2011.06	划款不记账	70 亿元	69 亿元作为吴小晖实际控制的产业公司的自有资金，用于增资安邦财险 1 亿元沉淀于吴小晖实际控制的产业公司

资料来源：上海第一中级人民法院案件公告，https://weibo.com/u/3912155007.

最后，通过实业公司又注资回流安邦保险，实现循环注资。安邦保险经过三次增资（表4-4），实现账面注册资本由51亿元跃升至619亿元，翻了12倍。2018年2月，原中国保监会决定，动用保险保障基金向安邦保险集团增资608.04亿元[1]，这说明当时安邦保险账面资本仅有10.96亿元，经过保障基金的补充，安邦保险实际资本才达到之前账面金额。安邦保险将保险产品异化为"提款机"，以实业为桥梁循环虚假注资安邦保险，严重损害公司偿付能力。

表4-4　安邦保险集团注册资本和股东数量统计表

时间点	2008-12-11	2011-06-29	2014-01-29	2014-9-23
注册资本/万元	510 000	1 200 000	3 000 000	6 190 000
环比增幅/%		+135.29	+150.00	+106.33
股东数量/家	8	8	25	39
环比增幅/%		0	+212.50	+56.00

资料来源：国家企业信用信息公示系统。

二、治理风险辨识

（一）复杂的股权设计隐匿实际控制人

安邦保险通过复杂的股权设计，将实际控制人吴小晖隐

---

[1] 详见原中国保监会安邦接管工作组发布的《关于启动安邦保险集团战略投资者遴选工作的公告》。搜狐新闻 https://www.sohu.com/a/227250003_679747.

藏起来，极大地增加了外界和监管机构掌握其实际股权情况的难度。从公开披露的股权信息来看，安邦保险股权结构表面上较为分散均衡，但事实并非如此。上海市第一中级人民法院公告①显示，吴小晖利用复杂的股权设计，通过多层股权嵌套，隐藏公司股权实际控制关系。2011 年起，吴小晖就实际控制安邦财险和安邦保险集团。安邦财险最初 8 家股东中，除中石化和上海汽车工业（集团）总公司外，其余 6 家均是民营企业，且均被吴小晖实际控制。安邦保险经历了 3 轮增资，2014 年股东数激增至 39 家，中石化和上汽集团的持股比例被稀释得十分严重，2014 年持股比例降为 2008 年持股比例的 8.3%。据上海市第一中级人民法院调查，除两家国企外的 37 家民营企业均被吴小晖直接或间接控制，吴小晖通过控制的 37 家关联公司投资入股安邦保险集团，控制着安邦保险集团 98.22%的股份。37 家非国企股东里仅有 4 家股东与另外 34 家股东无直接股权关系，其余都存在股东间交叉投资的情况②。同时，这 37 家非国企股东背后共有多达 64 家不同的企业法人股东，分布在不同层次的隐形股东结构中，如邛崃广祥投资，股权结构高达 6 层，经过对这 37 家民营企业背后的股东关系的层层穿透，最终追溯到 101 家公司 86 名个人股东。

---

① 详见上海市第一中级人民法院官方微博：https://weibo.com/u/3912155007。
② 郭婷冰. 穿透安邦魔术［EB/OL］. http://topics.caixin.com/ctabms/.

（二）股东、经营者"合谋"侵占保单持有人利益

据安邦财险公开披露的信息，吴小晖自 2013 年 11 月起担任安邦保险董事长的同时，还兼任总经理一职（表 4-5），同时还是安邦保险的实际控制人。吴小晖不仅掌握着公司的控制权，还掌握着公司的经营权，股东已同经营者"合谋"，"股东—经营者"的利益冲突已经转换成"股东—保单持有人"的利益冲突。安邦保险偿付能力严重不足，保单持有人利益严重受损。

表 4-5　安邦保险集团管理层变动情况表

时间	董事长	副董事长	董事	独立董事	监事	总经理
2013 年前	胡茂元	吴小晖 陈萍	陈小鲁、龙永图、姚大锋、赵虹、朱云来、刘榕、刘晓光、彭颙			姚大锋
2013.11			陈小鲁、姚大锋、赵虹、朱艺、陈萍、胡元茂、朱云来	刘晓光 彭颙 孙沛城 王新棣	叶潇飞 韩怡 张晔	
2014.09	吴小晖	（取消）	陈小鲁 姚大锋 赵虹 朱艺 陈萍	刘晓光 彭颙 顾清扬		吴小晖
2015.02						
2016.01				刘晓光 彭颙 顾清扬 白士洋	水志仁 卞春坡 韩晓青 黄庄庄 李瑛	
2016.03						
2016.10			姚大锋 朱艺 陈萍	刘晓光 顾清扬 白士洋	水志仁 卞春坡 韩晓青 黄庄庄 袁圃	

资料来源：优董中国董事俱乐部. http://www.sohu.com/a/138748046_473379.

（三）内部控制失效致使偿付能力风险加剧

从负债端来看，安邦除了利用安邦财险销售高成本的投资型保险产品外，还利用旗下的安邦人寿、安邦养老和和谐健康销售高成本的万能险产品，且在总保费规模中的占比远高于行业平均水平（表4-6）。高成本产品对其投资和经营提出了极高的要求。

表4-6　2013年至2017年安邦系保费收入情况表

公司名称	2013年		2014年		2015年		2016年		2017年	
	NTR	IR	NTR	IR	NTR	IR	NTR	IR	NTR	IR
和谐健康	99%	20	98%	29	37%	13	31%	6	11%	16
安邦人寿	86%	22	15%	10	43%	9	65%	3	22%	3
安邦养老	—	—	—	—	99%	22	100%	31	50%	42
行业平均	24%	—	25%	—	35%	—	37%	—	20%	—

资料来源：原中国保监会官网。其中，NTR：非传统险保费占比；IR：总保费排名①。

从资产端来看，安邦系频繁举牌，大肆进行跨境海外收购。据不完全统计，2014—2016年，安邦系在资本市场通过举牌增持5%以上股权的上市公司多达10家（表4-7）。除此之外，安邦系还将大量保险资金投入境外，购置固定资

---

① 非传统险保费占比＝（保户投资款新增交费+投连险独立账户新增交费）/（原保费收入+保户投资款新增交费+投连险独立账户新增交费）；总保费排名为中资公司排名。

产。安邦保险选择了"资产驱动负债"的经营发展模式，其发展模式对资产与负债匹配的管理能力要求极高。但安邦人寿和安邦财险均出现了现金流和偿付能力问题，说明安邦保险内控机制失效，风险承担过度，偿付能力风险加剧。

表 4-7 2014—2016 年安邦保险系对外持股情况表

单位:%

公司名称	持股公司	持股比例
民生银行	安邦人寿	6.49
	安邦财险	4.56
	安邦集团	4.49
招商银行	安邦财险	10.72
万科 A①	安邦财险	2.33
	安邦人寿	2.21
金地集团	安邦人寿	14.56
	安邦财险	5.87
金融街	和谐健康	15.88
	安邦人寿	14.10
同仁堂	和谐健康	5.80
	安邦财产	5.30
	安邦人寿	3.04

---

① 列表中显示 2017 年末安邦系对万科持有股份小于 5%。据查，截至 2015 年 12 月 7 日，安邦保险集团通过其旗下安邦人寿保险、安邦财产保险、和谐健康保险及安邦养老保险合计持有万科公司股份 5.53 亿股，占万科公司总股本的 5%。

表4-7(续)

公司名称	持股公司	持股比例
欧亚集团	安邦人寿	5.13
	安邦保险	5.12
	安邦养老	3.43
	和谐健康	1.23
金风科技	安邦人寿	7.84
	和谐健康	4.14
	安邦养老	0.84
大商股份	安邦人寿	11.02
	安邦养老	3.26
中国建筑	安邦资管	11.02

资料来源：wind 资讯（注：持股比例截至 2017 年 12 月 31 日）。

第二节　珠江人寿"频收监管函"的治理风险辨识

一、案例背景介绍

珠江人寿保险股份有限公司（简称"珠江人寿"）成立于 2012 年 9 月，注册资本为 67 亿元，是一家综合性的地方寿险公司。公司年报披露数据显示，珠江人寿经营第三年就扭亏为盈，2015 年的营业收入近 26 亿元，实现净利润 0.42

亿元，2016 年和 2017 年分别实现盈利 6.16 亿元和 2.87 亿
元，连续三年盈利，但在 2017 年 8 月和 10 月却连收两次
（张）监管函（监管函〔2017〕22 号、监管函〔2017〕31
号），问题指向其公司治理和偿付能力管理。

　　珠江人寿在负债端，主要通过销售高成本的万能险来迅
速扩张保费规模。2013—2017 年，珠江人寿在保险市场中的
发展势头强劲，成立第三年就实现盈利，保费规模也不断上
升，这主要是因为其大量销售高成本的万能险。2016 年前，
珠江人寿的保费收入中有 99% 来自保户储金及投资款①，
2016 年受监管政策限制，其占比大幅下滑，但 2017 年又回
升到 60%（表 4-8）。珠江人寿将增长迅速的保险资金通过
关联交易方式进行投资，投资方向集中在房地产，资产和负
债错配风险突出，面临严峻的现金流压力。2016 年受原中国
保监会对万能险相关业务销售的严格限制，其现金流风险立
即显现（图 4-2）。

表 4-8　2013—2017 年珠江人寿保费收入情况表

年份	2013	2014	2015	2016	2017
保费收入/亿元	17.15	100.76	211.27	233.85	255.08
保户投资款新增交费占比/%	99	99	99	35	60
总保费行业排名	33	25	22	26	22

资料来源：根据原中国保监会官网数据整理而得。

---

① 万能险业务所产生的保费收入均计入"保户储金及投资款"一项中，故在
本章中用"保户储金及投资款"代表万能险业务收入。

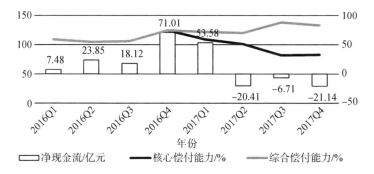

图 3-2　珠江人寿偿付能力和净现金流情况

资料来源：根据中国保险行业协会官网数据整理而得。

二、治理风险辨识

（一）家族关联持股，关联交易违规

　　珠江人寿的发起股东有五家，且均是广东省内经济实力雄厚的国有和民营企业，各占 20% 的股份。经过几轮注资，珠江人寿股东增至 7 家，截至 2018 年 12 月持股情况如表 4-9 所示。据《21 世纪经济报道》文章说①，珠江人寿股东大部分同地产商朱孟依有着千丝万缕的联系，其第一大股东珠江控股和第四大股东韩建投资法定代表人均系朱孟依的儿子朱伟航，第二大股东广东珠光由朱孟依的兄弟控制，新南方集团法定代表人系朱孟依的兄长，朱氏家族直接控制珠江人寿

---

① 　http://epaper.21jingji.com/html/2017-08/08/content_68035.htm.

至少50.76%的股份，间接持股比例可能高达70%。监管机构对单一股东持股比例的限制是包含关联方在内的，无论是2013年规定的上限51%还是2018年最新规定的1/3，朱氏家族持股比例很可能已超过监管上限。

表4-9　珠江人寿股东情况表　　　　单位:%

序号	股东名称	持股比例	法定代表人
1	广东珠江投资控股*	30.15	朱伟航
2	广东珠光集团	20.00	谢炳钊
3	衡阳合创地产	18.96	朱逢才
4	广东韩建投资*	10.30	朱伟航
5	广东新南方集团*	10.30	朱拉伊
6	广州金融控股集团*	8.50	李舫金
7	广东粤财信托*	1.79	陈彦卿
合计		100	

资料来源：根据珠江人寿官网和全国企业信用信息公示系统整理而得（*表示发起股东）。

在近几年的高速发展过程中，珠江人寿开展了大量关联交易活动，关联方多与珠江人寿股东相关。2017年，原中国保监会禁止珠江人寿保险股份有限公司六个月内直接或间接与关联方开展下列交易：①提供借款或其他形式的财务资助；②除存量关联交易的终止行为（如到期、赎回、转让等）以外，开展资金运用类关联交易（包括现有金融产品的续期以及已经签署协议但未实际支付的交易）。

（二）"三会一层"运行不规范

根据原中国保监会有关珠江人寿的监管函〔2017〕22号、监管函〔2017〕31号内容，珠江人寿在"三会一层"运行上存在以下问题：

（1）董事会履职不到位。首先董事会会议召开不规范。部分董事多次缺席董事会会议的决议讨论，董事出席率低；同时董事会会议议程、重点发言记录缺失；未当面审议公司重大投资项目，而是采用通讯表决的方式，投资审议程序不规范。其次，日常职能履行不到位。提名薪酬委员会未履行审查高管人员选任制度的义务。对于重大交易事项，独立董事负有审查义务，但其独立董事既未审查也未向董事会上交意见报告。独立董事比例不达标，珠江人寿的董事会成员一直是9名，但独立董事却仅有2名，在董事会中占比不足1/3[①]。专业委员会专业人员配备不足，董事会成员及审计委员会成员中缺乏法律方面的专业人士。

（2）经营管理层运作不规范。一是缺少高级管理人员选

[①] 2007年《保险公司独立董事管理暂行办法》规定，2007年6月30日前，各公司应当使董事会成员中至少有两名独立董事。2006年底总资产超过50亿元的保险公司，应当在2007年12月30日前，使独立董事占董事会成员的比例达到1/3以上。截至2016年底，珠江人寿的资产总额为521亿元，独立董事比例应为1/3以上。

任制度。二是董事会提名薪酬委员会未履行对高级管理人员选任制度进行审查的职责。

（3）股东大会运作管理不规范。2016 年共召开 11 次股东大会，其中有 9 次会议未按照规定时间提前通知。2016 年第五次临时股东大会、第九次临时股东大会的股东授权委托书未载明受托人是否参与表决以及授权范围，受托人实际上参与表决；公司部分股东大会会议缺少会议记录；2016 年第十次临时股东大会通过修改公司章程的决议后，未在十个工作日内报原中国保监会核准。

（三）内部风险管控不严

根据原中国保监会有关珠江人寿的监管函〔2017〕22 号、监管函〔2017〕31 号内容，珠江人寿在"内部风险管控"方面存在以下问题：

（1）内部审计不规范。珠江人寿对部分高管人员的任中审计的间隔时间大于 3 年，缺乏对管理层的经营约束；未及时制定绩效薪酬延期支付制度，董事、监事和高管人员目标绩效薪酬低于基本薪酬。董事、监事、高管人员和关键岗位人员绩效薪酬延期支付比例低于 40%，董事长和总经理延期支付比例低于 50%，且延期支付期限小于 3 年。

（2）关联交易信息披露不规范。查看珠江人寿官网公开信息披露——关联交易栏，发现其重大关联交易信息仅披露了 2013 年对所持股公司广东珠江教育投资的信托借款一项和 2014 年一整年信息（表 4-10），而 2015 年及以后的重大关联信息并未公开披露。

表 4-10 2014 年珠江人寿关联交易一览表 单位：亿元

时间	交易标的/投资对象	交易方式	交易金额
1. 14	广东珠江教育投资	信托计划	1. 60
4. 24	创展国际商贸中心项目	股权投资	7. 50
4. 25	珠江创意中心项目	股权投资	10. 00
5. 02	广深沿江高速公路项目	股权投资	10. 00
6. 26	中关村国际商城项目	股权投资	10. 00
9. 26	准朔铁路项目	股权投资	3. 40
9. 26	曹妃甸港口项目	股权投资	3. 40
9. 03	北京市丰台区分钟寺	信托计划	3. 40
9. 03	北京市丰台区分钟寺	信托计划	3. 40
9. 03	北京市丰台区分钟寺	信托计划	3. 20
10. 29	北京市丰台区分钟寺	信托计划	1. 59
10. 29	北京市丰台区分钟寺	信托计划	1. 59
10. 03	北京市丰台区分钟寺	信托计划	1. 79
11. 19	广东珠江教育投资	股权投资	5. 80
12. 05	广东珠江商贸物流投资	股权投资	10. 00
12. 12	广东珠江教育投资	信托计划	4. 00

资料来源：https://www.prlife.com.cn/page/message/message_main.shtml.

（3）关联交易投资比例违规。监管规定："保险公司对关联方的全部投资余额，合计不得超过保险公司上季末总资产的30%，并不得超过保险公司上季末净资产。"以2014年为例①，珠江人寿2014年末的总资产为143.82亿元（143.82×30%＝43.15），净资产是21.97亿元。根据上述条款，其关联交易最大余额只有21.97亿元，而2014年珠江人寿仅重大关联交易就达80.67亿元（表4-11）。

表4-11　2014年珠江人寿重大关联交易情况表

交易方式	交易金额/亿元	预期收益率
信托计划	20.57	11.70%～12.00%
股权投资	60.10	10.00%～12.00%
合计	80.67	

资料来源：https://www.prlife.com.cn/page/message/message_main.shtml.

（4）关联交易管理不规范。珠江人寿存在关联方档案信息不完整、更新不及时、未按规定开展相应的保险资金运用和关联交易的审计工作、关联交易不识别且不报告的情况。

---

① 珠江人寿仅公开披露2014年重大关联交易的信息，故以2014年为例。《中国保监会关于进一步规范保险公司关联交易有关问题的通知》规定"在计算人身保险公司和再保险公司总资产时，其高现金价值产品对应的资产按50%折算"。此处忽略该规定，仅进行粗略计算。

第三节　前海人寿"频繁举牌"的
治理风险辨识

一、案例背景介绍

2012 年，前海人寿保险股份有限公司（简称"前海人寿"）成立。截至 2015 年底，前海人寿于短时间内共举牌 8 家上市公司，资金大部分来自"海利年年""聚富产品"这两款万能险的保费收入，自有资金在其举牌过程中占比较低。在前海人寿频繁举牌的上市企业中，影响最为深远的莫过于"宝万之争"。对于前海人寿与一致行动人深圳市钜盛华股份有限公司（简称"钜盛华公司"）跨行业并购、集中举牌、激进投资等行为，原中国保监会于 2016 年底叫停前海人寿万能险业务；2017 年初再次对相关责任人实施警告、罚款、撤销任职资格等行政处罚。其举牌上市企业如表 4-12 所示。

表 4-12　前海人寿举牌上市公司一览表　　　　单位：%

被举牌上市公司	持股占比	资金来源	前海人寿持股地位
中炬高新	18.50	海利年年	第一大股东
	1.22	聚富产品	
	3.57	自有资金	

表4-12(续)

被举牌上市公司	持股占比	资金来源	前海人寿持股地位
南玻 A	11.08	海利年年	第一大股东
	1.95	自有资金	
	3.92	万能险产品	
韶能股份	15.00	海利年年	第一大股东
南宁百货	11.19	海利年年	第二大股东
	3.46	自有资金	
合肥百货	1.97	海利年年	第二大股东
	4.75	自有资金	
华侨城 A	7.16	海利年年	第二大股东
明星电力	5.02	海利年年	第四大股东
万科 A	3.17	海利年年	第四大股东
	1.98	聚富产品	

资料来源:根据东方财富网资料整理而得。

2015 年 7 月,发生了震动业界的"宝万之争"事件。宝能系通过其旗下子公司钜盛华公司与前海人寿多次增持万科股份,于 2016 年 7 月首次成为万科第一大股东。宝能系循环利用险资,撬动高杠杆资金进行"敌意收购上市公司"的行为引起了万科高管层的强烈反对,随之引起金融市场监管层的高度重视。这场没有硝烟的资本争夺战最终通过行政性外力与监管层的介入,由深圳地铁集团于 2017 年 6 月取代宝能系万科第一大股东之位,至此"宝万之争"尘埃落定。在

"宝万之争"这一事件中，恒大集团、安邦集团均频繁通过险资举牌万科 A。其事件始末如表 4-13 所示。

表 4-13　"宝万之争"事件始末

"宝万之争"参与方	时间点	总计增持比例	股东地位	事件
中国股市	2015-06-12	—	—	上证从最高点 5 178.19 点直线跌落至 3 507 点
原中国保监会	2015-07-08	—	—	发布《关于提高险资投资蓝筹股票监管比例有关事项的通知》
宝能系	2015-07-10	5.00%	—	—
宝能系	2015-07-24	10.00%	—	—
宝能系	2015-08-25	15.04%	第一大股东	—
华润集团	2015-08-31、2015-09-01	15.29%	重回第一大股东	—
宝能系	2015-12-01、2015-12-02	20.01%	重回第一大股东	—
安邦集团	2015-12-07	5.00%	—	—
宝能系	2015-12-16	22.45%	第一大股东	—
安邦集团	2015-12-17、2015-12-18	7.01%	—	—
宝能系	2015-12-24	24.26%	第一大股东	—
万科集团	2016-03-14	—	—	公告与深圳地铁重组合作意向
宝能系	2016-06-23	—	—	万科为内部人控制企业，宝能将在万科股东大会上否决重组预案
宝能系、华润集团	2016-06-27	—	—	联手否决万科年度董事会、监事会报告

表4-13(续)

"宝万之争"参与方	时间点	总计增持比例	股东地位	事件
深交所	2016-06-27	—	—	要求华润、宝能自查涉嫌形成一致行动人行为
宝能系	2016-07-06	25.00%	第一大股东	—
恒大集团	2016-08-09	5.00%	—	—
恒大集团	2016-08-15	6.82%	—	—
恒大集团	2016-11-10	8.29%	—	—
恒大集团	2016-11-18	9.45%	—	—
恒大集团	2016-11-23	10.00%	—	—
恒大集团	2016-11-28	14.07%	—	—
中国证监会	2016-12-03	—	—	痛批"野蛮人"行为
原中国保监会	2016-12-05	—	—	停止前海人寿万能险业务
原中国保监会	2016-12-13	—	—	禁止保险机构与非保险一致行动人收购上市公司
深圳地铁	2017-01-25	15.31%	第二大股东	华润转让持有万科A的全部股权,总计持股占比15.31%
深圳地铁	2017-06-09	29.38%	第一大股东	恒大将持有万科A的15.53亿股份转让给深圳地铁,总计持股占比14.07%

资料来源:根据网上公开资料整理而得。

二、治理风险辨识

(一)"一股独大",股权制衡失效

前海人寿成立之初,钜盛华公司出资4亿元,持有其

20%的股份。2015 年，原持股前海人寿的三家股东公司将持
有的股份全部转让给钜盛华公司。钜盛华公司凭借持有前海
人寿总股本 51%的股权成为"一股独大"的实际控股股东。
钜盛华公司与一致行动人前海人寿多次增持上市公司，其增
持资金来源的主要渠道之一为万能险保费收入。前海人寿的
保户储金及投资款自 2013 年以来，增长速度极快，2016 年
及以前的每年增速均保持在 100%以上，三年增速分别为
150.66%、107.36%、146.06%，其保户储金及投资款在
2016 年达到 1 610.92 亿元的规模。其发展情况如图 4-3
所示。

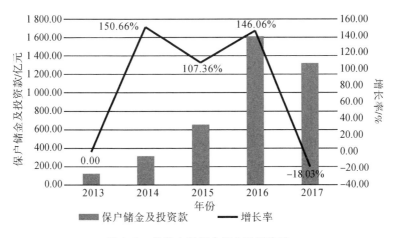

图 4-3　前海人寿保户储金及投资款

数据来源：前海人寿 2013—2017 年年报。

2013—2016 年，前海人寿保户储金及投资款新增交费占
当年保费规模的比例分别为 97%、90%、78%、78%，占比
虽有小幅度下降，但始终保持在 78% 及以上的比例，居高不
下，为其保险主营业务中的核心主力产品；2017 年占比出现
断崖式下跌，主要原因在于原中国保监会于 2016 年底叫停
其万能险业务，而该万能险业务一被叫停，其规模保费随之
便从 2016 年的 1 003.1 亿元直线跌落至 2017 年的 306.9 亿
元。负债端高成本业务因监管限制使得负债端风险进一步集
聚，如图 4-4 所示。

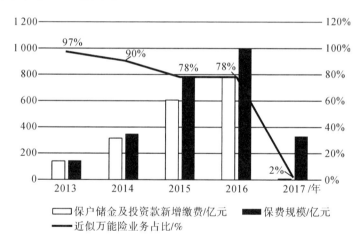

图 4-4　保户储金及投资款新增交费占当年保费规模的比例

数据来源：根据原中国保监会官网数据整理而得。

作为前海人寿控股股东的钜盛华公司，利用"一股独
大"所带来的绝对控制权，借助保险行业高负债、高杠杆比

率的特性，加大公司内部财务杠杆，使前海人寿经营业务逐渐偏离"保险姓保"的主业，成为其"融资平台"，一味发展期限短、结算利率高的万能险产品，忽视保单持有人及中小股东的利益，进行高风险投资，将"左手负债"用于"右手激进投资"，甚至用于满足实际控制人的其他业务链条上的发展需求。在"宝万之争"中，钜盛华公司企图利用险资收购股权分散、估值较低的万科，成为万科的实际控制人，并利用万科的品牌效应、盈利能力、项目运作能力等有利资源实现"搭便车"的目的，即提升自身主营业务房地产的实力。这无疑增加了资产与负债错配风险以及与房地产行业之间的风险传染性。

（二）关联交易频繁，风险传染性加剧

钜盛华公司法人股东只有深圳宝能物流公司、深圳宝能投资集团两家公司，而深圳宝能物流公司又隶属于宝能集团，钜盛华公司实际为宝能集团旗下全资子公司。2015 年钜盛华公司以 51% 的股权成为前海人寿的实际控制人，以房地产为主业的宝能集团董事长出任前海人寿董事长一职，几乎可以把前海人寿视为宝能集团的"孙公司"。

笔者通过查阅前海人寿的各年年报，发现前海人寿自 2013 年开始成立全资子公司，2013—2017 年，成立全资子公司的数量分别为 3 家、7 家、21 家、38 家、44 家，增长数量及速度惊人。同时，截至 2017 年底，全资子公司中仅有 4 家子公司与保险主营业务有关，分别为前海保险公估公司、前海世纪保险经纪公司、前海保险销售公司、广州前海人寿医院，其余40家全资子公司均为房地产公司。其中，全资房地产子公司仅2015年便新增14家，而这些新成立的子公司中值得一提的是，以"北京融某星维（和）"命名的全资子公司多达9家。2016年，西安、武汉或上海以"前某置业"命名的新增全资房地产子公司7家。而此前以"北京融某星维（和）"命名的全资子公司更名为以"新疆融某星维（和）"命名的全资子公司，注册地由北京市朝阳区变更为新疆博尔塔拉蒙古自治州阿拉山口市。而作为本应以保险业务经营为主业的前海人寿为何在短短三年时间便成立40家几乎与保险经营业务无关的房地产子公司，值得我们深思。前海人寿子公司情况如图4-5所示。

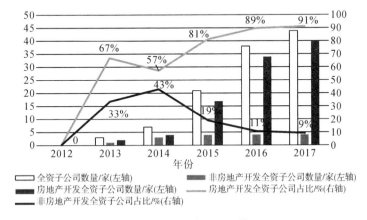

图4-5　前海人寿子公司情况

数据来源：前海人寿2013—2017年年报。

进一步分析，从前海人寿官网对外公开披露的关联交易信息来看，截至 2019 年 1 月底，共有 73 条关联交易信息披露报告。其中，自成立至 2016 年的 5 年期间共披露 25 条关联交易信息报告；而自 2017 年原中国保监会监管趋严、加强公司治理监管后，2017 年、2018 年这两年时间总计披露了 47 条关联交易信息报告，另 2019 年 1 月披露了 1 条。具体分析，其 2012—2016 年披露 25 条关联交易信息，总计发生 31 宗关联交易往来，关联交易规模达到 156.2 亿元，其中 25 宗关联交易通过增资、临时借款、股权转让、先行购买地块后转让等方式直接与房地产开发相关，关联交易规模约 136 亿元，占比约为 89.5%。前海人寿已然成为宝能系下用于房地产开发的"融资平台"，形成非常明显的集团内部关联交易利益输送，使得风险在集团内部、房地产与保险业之间交叉传染。其集团内部相互控股及关联交易情况如表 4-14 所示。

表 4-14　前海人寿 2012—2016 年关联交易披露一览表

序号	关联交易对象	投资/亿元	时间	领域及用途	持有股权/%	备注
1	佛山宝能	1.55	2013-07	佛山新城房地产开发	49	购入款项
2	宝能酒店	7.08	2013-08	桔钓沙国际度假酒店开发项目	40	购入款项
3	惠州宝能泰丰置业有限公司	2.93	2013-11	房地产开发	100	购入款项

表4-14(续)

序号	关联交易对象	投资/亿元	时间	领域及用途	持有股权/%	备注
4	无锡宝能	4.01	2013-11	无锡宝能金融大厦15-38层写字楼用于前海人寿华东总部自用	—	购入款项
5	韶关宝能	1.30	2013-12	韶关德丰源房地产开发	100	购入款项
6	宝安中心区养老项目	3.30	2014-04	打造国际健康养老示范区	—	出借临时款项
7	佛山新城房地产开发项目	3.20	2014-05	房地产开发	—	出借临时款项
8	桔钓沙国际度假酒店开发项目	1.00	2014-05	房地产开发	—	出借临时款项
9	惠州宝能泰丰置业有限公司	1.00	2014-08	房地产开发	—	出借临时款项
		1.02	2014-08	房地产开发	—	增资款项
10	韶关德丰源房地产开发	5.50	2014-08	房地产开发	—	出借临时款项
		5.59	2014-08	房地产开发	—	增资款项
11	惠州宝能泰丰置业有限公司	2.50	2014-06	房地产开发	—	出借临时款项
		2.50	2014-06	房地产开发	—	增资款项
12	韶关德丰源房地产开发	1.00	2014-06	房地产开发	—	出借临时款项
		1.00	2014-06	房地产开发	—	增资款项
13	宝能酒店	0.80	2014-06	房地产开发	—	增资款项
14	无锡宝能	4.29	2014-06	无锡宝能金融大厦1-13层写字楼用于前海人寿自用物业	—	购入款项

表4-14(续)

序号	关联交易对象	投资/亿元	时间	领域及用途	持有股权/%	备注
15	宝能世纪	8.58	2014-06	受让宝能控股有限公司持有的宝能世纪49%股权	49	购入款项
16	前海幸福之家	—	2014-06	宝安中心区养老项目划入子公司前海幸福之家	—	—
17	佛山新城房地产开发	1.64	2014-12	房地产开发	—	增资款项
18	西安市前海置业	5.16	2014-11	房地产开发	100	增资款项
19	杭州新天地集团有限公司	24.70	2014-06	房地产开发	82	出借临时款项
		30.48	2014-06	房地产开发		增资款项
20	上海前璟置业	7.50	2016-06	房地产开发	100	待归还款项
21	中林实业	0.10	2016-08	租赁办公用地	—	租金
22	武汉前瑞置业	11.83	2016-09	房地产开发	100	待归还款项
23	上海前优置业	3.80	2016-10	房地产开发	100	待归还款项
24	上海前熙置业	3.98	2016-10	房地产开发	100	待归还款项
25	上海前旭置业	4.60	2016-10	房地产开发	100	待归还款项
26	上海前昆置业	4.30	2016-10	房地产开发	100	待归还款项

资料来源：https://www.foresealife.com/publish/main/xxpl/65/01/index.html.

第四节 保险机构治理风险案例评析

近几年我国保险业出现了部分中小型保险公司发展模式激进，资产与负债严重错配；部分控股股东或高管甚至把保费收取视为融资手段，将保险公司视为"提款机"，在投资领域频繁举牌，冒险博取高收益，形成所谓的"资产驱动"模式，导致风险事件（"宝万之争""安邦接管"等）频发。这些迅速崛起的中小型保险公司，都是通过发行高收益理财型保险产品并辅之以激进投资的方式做大规模，这些公司资产价格的风险敞口越来越大，当资产价格急剧下降时，这些中小型保险公司将面临共同的风险暴露，可能都无法兑现对保单持有人的承诺。这些行为相似的中小型保险公司，其行为背后都隐藏着共性的"三会一层"运作不规范、"一股独大"的股权结构、内控机制中关联交易风险暴露等治理风险问题。虽然这些规模较小的中小型保险机构对保险系统造成的影响有限，但叠加起来的共振扩散效应会对保险系统产生震动性影响。对于保险系统而言，它们是"太多而不能倒"和"太相似而不能倒"的保险机构。

中国保险业系统性风险防控除了关注"太大而不能倒"保险机构的传染扩散效应外，还需要时刻关注"太多而不能倒"和"太相似而不能倒"的中小型保险机构的共振扩散效

应。治理风险是我国保险业系统性风险产生共振扩散效应的
根源，若对治理风险防范不当，将可能造成风险叠加共振扩
散，引发保险业系统性风险。现阶段，中国保险业系统性风
险的防控重点应该放在公司治理上，以及提高公司的风险管
理能力等方面。

第五章　中国保险业治理风险现状及治理监管政策调整

第一节　中国保险业治理监管发展历程

保险业资本结构的高负债性、风险的集中性、保险产品的特殊性、保险的社会保障性等特殊性（孟彦君[1]，2007；张惠[2]，2007；钱琨[3]，2008；沈蕾[4]，2009；魏思

---

[1]　孟彦君. 保险公司治理的国际经验及启示［D］. 北京：对外经济贸易大学，2007.

[2]　张惠. 保险公司治理：理论与模式、实证分析与我国的实践［D］. 济南：山东大学，2007.

[3]　钱琨. 国有保险公司治理法律问题研究［D］. 大连：大连海事大学，2008.

[4]　沈蕾. 论保险公司治理的特殊性：一个数理模型的分析［J］. 财经论丛，2009（3）：54-61.

博①，2010；王丹②，2010；汤丽③，2010）的存在决定了保险监管的必要性。而公司治理监管作为保险监管的核心内容之一，通过引导内部治理的完善和推动外部治理要素的健全，促进公司治理核心即保险公司这个组织传导控制有效性问题的解决（干林，2017），发挥公司治理结构这一内部机制自发进行管理的作用（陈文辉④，2016），最终实现保险监管目标，即保护保单持有人利益、防范和化解风险、促进保险业持续健康发展。

自 1979 年全国保险工作会议决定 1980 年起恢复国内保险业务以来，随着企业制度变迁和治理主体的变化，我国保险业公司治理监管发展至今主要经历了如下几个阶段：

一、公司治理主体开始形成：治理监管萌芽阶段（1980—1997 年）

中国人民保险公司从 1980 年开始逐步恢复停办了 20 年的国内保险业务。1982 年，《中国人民银行公司章程》经国

务院批准，并获批成立中国人民保险公司董事会、监事会。同年，香港民安保险公司获批设立深圳分公司，中国人民保险公司独家垄断经营的局面被打破。随着国内保险业务的逐步发展，国务院于 1985 年 3 月颁布《保险企业管理暂行条例》，规定国家保险管理机关是中国人民银行。我国第一家股份制保险公司——平安保险公司①创办于 1988 年，随后中国太平洋保险（1991）、太安保险（1994）、大众保险②（1995）等股份制保险公司相继成立，形成了国有独资和股份制两种公司组织形式。同时，1995 年 6 月颁布的《中华人民共和国保险法》第六十九条也明确规定保险公司应当采取股份有限公司和国有独资公司两种组织形式。1994 年实施的《中华人民共和国公司法》明确了"三会一层"的治理结构，包括股东大会、董事会、监事会和管理层。随着股份制保险公司的不断成立和外资保险企业在华分支机构的设立，我国保险市场格局开始出现多样化的组织形式，保险公司监管在《中华人民共和国公司法》（1994）正式实施后也进行了治理监管的初期尝试，《中华人民共和国保险法》（1995 年版）中有部分条款对公司治理相关内容进行了规定：包括修改公司章程和变更出资人或者持有公司股份 10% 以上的股东的报

---

① 1992 年，平安保险公司更名为"中国平安保险公司"，经营区域扩大至全国。

② 2014 年 6 月 19 日，原中国保监会批准大众保险公司更名事宜，批准其中文名变更为"史带财产保险股份有限公司"。

批，保险公司更换董事长、总经理的任职资格的报审，国有
独资保险公司设立监事会等。该阶段，虽然部分公司尝试建
立董事会和监事会等制度，但保险公司受行政影响较大，治
理结构实质上还是以"老三会"为主。

二、现代企业制度初步建立：治理监管探索阶段 （1998—2005 年）

为落实银行、保险和证券分业管理的方针以及适应改革
开放以来我国保险业的快速发展，原中国保监会于 1998 年
11 月在北京成立。2000 年，原中国保监会提出了国有保险
公司股份制改革的构想。在 2002 年全国金融工作会议召开
后，国有保险公司股份制改革进入正式实施阶段。2003 年，
中国人保、中国人寿、中国再保率先实现股份制改革，2006
年中华联合保险控股股份公司正式成立，标志着国有保险公
司股份制改革全部完成（孙蓉、杨馥，2008）。

伴随着国有保险公司重组改制和新成立的股份制保险公
司"新三会"设立，保险公司治理架构形成，现代企业制度
初步确立，同时部分保险公司通过引入外资来提升我国保险
公司治理水平，如 2003 年中国平安集团获汇丰银行投资入
股。《决定》（1999）指出，公司制是现代企业制度的一种有
效组织形式，而法人治理结构是公司制的核心。因此，在实
施国有保险公司股份制改革期间，原中国保监会也积极出台

涉及董监高任职①、内部控制②、股东治理③、外部监管④和
治理基础⑤等的公司治理监管政策，规范了公司董事、监事、
高级管理人员任职资格及股东入股条件，加强了公司治理和
资本约束。随着《中华人民共和国保险法》的修订，我国保
险公司治理监管雏形显现。

三、现代企业制度逐步完善：治理监管建立和发展阶段（2006年至今）

2006年原中国保监会发布《关于规范保险公司治理结构
的指导意见（试行）》（保监会令〔2006〕2号）标志着我
国正式将保险公司治理监管纳入保险监管体系。我国保险公
司治理监管制度的提出主要源于以下三个原因：一是我国国
有保险公司股份制改革完成的现实要求。进行股份制改革的
目的是改变我国保险业行政型性质实现市场化，公司治理又
是现代企业制度的核心，督促保险机构建立起完善的公司治

---

① 《保险机构高级管理人员任职资格管理暂行规定》（保监发〔1999〕10号）。
② 《保险公司内部控制制度建设指导原则》（保监发〔1999〕131号）。
③ 《向保险公司投资入股暂行办法》（保监会令〔1999〕270号）、《向保险公司投资入股暂行规定》（保监会令〔2000〕49号）。
④ 《保险公司最低偿付能力及监管指标管理规定》（保监会令〔2001〕101号）、《保险公司偿付能力额度及监管指标管理规定》（保监会令〔2003〕1号）。
⑤ 《保险公司管理规定》（保监会令〔2004〕3号）、《中华人民共和国外资保险公司管理条例实施细则》（保监会令〔2004〕4号）。

理，才能真正理顺和规范公司的经营行为，建立起完善的内部管理和风险防范机制。二是优化保险监管效能的内在要求。随着金融业复杂性（业务形态、经营方式）和动态性的加剧，最有效的监管是提升企业自身对抗不确定损失的能力，发挥公司治理结构这一内部机制的作用，才能使保险监管收到事半功倍的效果。三是顺应国际监管改革趋势的客观需要。1997 年发生的亚洲金融危机，以及在美国发生的安然公司、安达信公司等事件，引起了人们对金融机构自身治理问题的重视。OECD 于 1999 年发布《公司治理原则》，提供一般公司治理的原则性指导。IAIS 在颁布《保险监管核心原则》（ICPS）① 和《保险公司治理核心原则》（2004）的基础上，于 2005 年维也纳年会上提出了"三支柱"保险监管框架，即治理结构监管、偿付能力监管和市场行为监管。

　　原中国保监会正式将公司治理监管确立为"三支柱"后，围绕股权、"三会一层"、风险管控体系、激励机制和透明度五个方面，防范和控制不当风险、公司僵局风险、公司管控薄弱的风险和高管人员舞弊风险四类治理风险。根据治理监管政策的调整变化，以 2009 年成立保险公司治理监管委员会和 2015 年末保险法人机构公司治理评价制度的正式建立为分界点，我国保险公司治理监管机制正式建立以来，又具体分为如下三个阶段：

---

① ICPS 于 1997 年第一次颁布，并分别于 2000 年、2003 年和 2011 年进行了三次修订。

（一）基础建设阶段（2006—2008 年）

公司治理内容涉及广泛，在保险公司治理监管制度建立之初，以基础制度建设为目的。原中国保监会以《关于规范保险公司治理结构的指导意见（试行）》为基础，配套颁布了 5 项办法[①]、4 项指引[②]、2 项管理规定[③]和 1 项意见[④]，内容涵盖内部控制、关联交易、董事会等关键点。因为董事会治理是公司治理的核心，此时期关于董事会的相关监管规章较多，以期有效推动全行业公司治理水平的提升。《保险公司董事和高级管理人员任职资格管理规定》明确了董事和高级管理人员任职资格；《保险公司独立董事管理暂行办法》则明确了独立董事的任职资格、职责、义务和监督等内容；《保险公司董事、监事和高级管理人员培训管理暂行办法》进一步强化了董监高队伍专业素养；《保险公司董事会运作指引》明确规定保险公司应当建立董事尽职考核评价制度，

① 《寿险公司内部控制评价办法（试行）》（保监发〔2006〕6 号）、《保险公司独立董事管理暂行办法》（保监发〔2007〕22 号）、《保险公司关联交易管理暂行办法》（保监发〔2007〕24 号）、《保险公司总精算师管理办法》（保监发〔2007〕3 号）、《保险公司董事、监事和高级管理人员培训管理暂行办法》（保监发〔2008〕27 号）。
② 《保险公司风险管理指引（试行）》（保监发〔2007〕23 号）、《保险公司内部审计指引（试行）》（保监发〔2007〕26 号）、《保险公司合规管理指引》（保监发〔2007〕91 号）、《保险公司董事会运作指引》（保监发〔2008〕58 号）。
③ 《保险公司董事和高级管理人员任职资格管理规定》（保监发〔2006〕4 号）、《保险公司财务负责人任职资格管理规定》（保监发〔2008〕4 号）。
④ 《关于规范保险公司章程的意见》（保监发〔2008〕57 号）。

建立独立董事制度、设立专业委员会等，规范独立董事运作。

（二）深化完善阶段（2009—2015 年）

经过前期基础的治理结构建设工作，原中国保监会于 2009 年 8 月召开主席办公会，会议决定成立保险公司治理监管委员会，负责对公司治理监管的统筹领导和组织协调，自此保险公司治理监管步入深化完善阶段。

一是进一步深化公司治理结构建设。相关部门出台了《保险公司股权管理办法》（2010）和《保险公司控股股东管理办法》（2012），规范股权管理；相关部门修订了《保险公司董事、监事和高级管理人员任职资格管理规定》（2010），增加监事任职资格规定，形成了完整的"三会一层"治理结构监管制度。

二是健全公司治理机制。原中国保监会相继颁布《保险公司信息披露管理办法》（2010）、《保险公司内部控制基本准则》（2010）、《保险公司董事及高级管理人员审计管理办法》（2010）、《保险公司薪酬管理规范指引（试行）》（2012）和《中国保监会办公厅关于外资保险公司与其管理企业从事再保险交易有关问题的通知》（2014）等，建立了信息披露机制、风险管理机制、监督机制、激励机制等。

（三）穿透细化阶段（2016 年至今）

2015 年底，原中国保监会颁布并实施《保险法人机构公司治理评价办法（试行）》，正式将治理评价机制加入治理监管体系，我国保险公司治理监管迈入新的历史阶段，该阶段的治理监管政策突出的特征就是穿透监管和分类监管。

第二节　中国保险业治理风险现状及特征

一、中国保险业治理风险现状

从 2011 年到 2014 年的公司治理监管报告数据（图 5-1、图 5-2）可以看出，我国保险公司治理问题率连年攀升，2014 年甚至超过 90%，说明超过 9 成的保险公司存在公司治理风险问题，且主要集中在股东及股权、董事会、监事会、管理层和激励约束机制等方面。

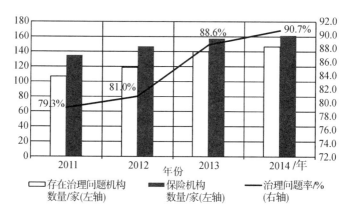

图 5-1　中国保险业 2011—2014 年公司治理综合情况

资料来源：根据《中国保险业公司治理与监管报告 I 》（2015）中 2011—2013 年数据和《中国保险业公司治理与监管报告 II 》（2017）中数据整理而得。

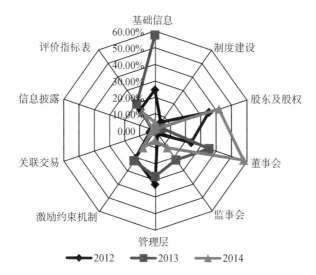

图 5-2　中国保险业 2012—2014 年公司治理问题分类情况

资料来源：根据《中国保险业公司治理与监管报告Ⅰ》（2015）中 2011—2013 年数据和《中国保险业公司治理与监管报告Ⅱ》（2017）中 2014 年数据整理而得。

2017 年，原中国保监会对保险公司进行了公司治理现场评估及万能险业务专项检查，其结果如表 5-1 所示。我国保险行业治理风险主要表现为：股权结构存在重大隐患（虚假注资、"一股独大"等）、"三会一层"运作不规范、内部管控机制存在缺陷及关联交易风险突出（披露滞后、利益输送等）等方面问题。25 家保险机构中，其中 23 家为中小型保险机构，占比高达 92%，治理风险主要集中在中小型保险机构；16 家寿险公司，5 家产险公司，保险集团、责任险专业公司、健康险专业公司、资产管理机构各 1 家，治理风险在寿

中国保险业系统性风险生成机理、评估及审慎监管研究

表5-1 2017中国保险机构公司治理风险一览表

公司类别	公司名称	成立时间	存在的公司治理风险	信息来源
寿险公司	东吴人寿	2012-05	(1)万能险产品经营不合规(万能险规模、账户管理、利率结算等存在问题); (2)重大关联交易披露不合规	监管函〔2016〕42号、58号
	前海人寿	2012-02	(1)编制虚假材料,违规使用保险资金(权益类投资比例超过总资产30%后投资非追募股票;股权投资基金管理人资质不符合监管要求,未按规定披露基金管理人资质情况,部分项目借款未提供担保); (2)重大关联交易或未披露或未按规定披露; (3)万能险产品存在销售误导,产品利率恶性竞争	监管函〔2016〕44号、57号
	恒大人寿	2015-11	(1)险资违规运用,"快进快出"进行股票投资; (2)信息披露不完全或未按规定进行信息披露; (3)万能险经营不合规	监管函〔2017〕8号
	珠江人寿	2012-08	(1)2017年8月发现其违规开展资金运用:在偿付能力不足120%的情况下开展投资;单一资产投资额超过集中度风险监管比例; (2)"三会一层"运作不规范、董事会、监事会、股东大会运作不规范等; (3)内部控制缺失,关联交易不规范、关联信息披露不完善,关联方信息档案不完整,信息更新不及时等问题	监管函〔2017〕22号、31号
	渤海人寿	2014-12	(1)"三会一层"运作问题,股东问题,股权投资记载相关不规范,股东股权方面,股权质押解质押管理不和管理不规范,高管人员任职资格管理不规范、董事会、监事会运作和管理不规范,信息披露,发展规划,内部审计等方面均不规范; (2)内部控制缺失,关联交易,关联信息披露	监管函〔2017〕9号

128

表5-1（续）

公司类别	公司名称	成立时间	存在的公司治理风险	信息来源
寿险公司	君康人寿	2006-11	（1）"三会一层"运作方面，股东股权代持，超比例持股，未按规定要求向保监会报告，独董人数等不规范，股东大会、董事会、监管会运作不规范；（2）内部控制缺失，关联交易，信息披露及报告，发展规划，内部审计，薪酬激励等方面均存在制度缺失或不规范；（3）非自有资金出资问题	监管函〔2017〕30号、38号
	上海人寿	2015-02	（1）"三会一层"运作问题，董事会运行不规范，独董制度缺失，高级管理人员免职未按时报告；（2）内部控制制度缺失，关联交易不规范，薪酬管理不合规，内部审计不到位等	监管函〔2017〕32号
	阳光人寿	2007-12	（1）"三会一层"运作问题；（2）关联交易，内部审计，信息披露，发展规划等问题	监管函〔2017〕33号
	百年人寿	2009-06	关联方档案不完整，关联交易管理不规范；关联交易未识别未报告	监管函〔2017〕34号
	华汇人寿	2011-12	（1）"三会一层"运作问题；股东股权问题；存在股权纠纷；（2）内部控制缺失，关联交易，合规与内控管理，内部审计，信息披露，考核激励等方面存在问题	监管函〔2017〕35号
	利安人寿	2011-07	（1）关联方档案不完整，管理不规范；现有关联交易存在损害公司利益的问题；（2）存在违规代持股份情况	监管函〔2017〕37号

表5-1（续）

公司类别	公司名称	成立时间	存在的公司治理风险	信息来源
寿险公司	信泰人寿	2007-05	关联交易未报备,关联方档案不完整;关联交易未识别未报告	监管函〔2017〕38号
	弘康人寿	2012-07	(1)"三会一层"运作问题,高管人员的任职资格存在问题;(2)内部控制缺失,关联交易问题,通过房产评估增值来提高偿付能力,以不正当方式调节业务	监管函〔2017〕39号
	农银人寿	2005-12（2012年农行认购其51%的股份）	存在变相突破监管规定,产品管理的主体责任缺失（总精算师为主要负责人）	监管函〔2017〕45号
	交银康联人寿	2000-06（2010年交通银行收购其62.5%股份）	变向突破监管规定,产品管理的主体责任缺失（总精算师责任人）	监管函〔2017〕46号
	长城人寿	2005-09	(1)内部控制缺失,信息披露不合规;财务数据不真实;(2)产品开发设计不合规,变相突破监管规定（总精算师责任）	监管函〔2017〕47号
产险公司	长江财产	2001-06	(1)"三会一层"运作问题;(2)关联交易,合规与内控管理,内部审计,考核激励,信息披露等方面存在问题	监管函〔2017〕40号
	鼎和财产	2008-05	(1)"三会一层"运作问题;股东股权问题;(2)关联交易,合规与内控管理等方面存在问题	监管函〔2017〕42号

表5-1（续）

公司类别	公司名称	成立时间	存在的公司治理风险	信息来源
产险公司	安心财产	2015-07	(1)"三会一层"运作问题； (2)内部控制缺失，关联交易问题	监管函〔2017〕43号
	泰山财产	2010-12	(1)"三会一层"运作问题； (2)内部控制缺失，关联交易，信息披露等方面存在问题	监管函〔2017〕48号
	永安财产	1996-09	(1)"三会一层"运作问题； (2)内部控制缺失，关联交易问题	监管函〔2017〕52号
保险集团	中华联合	2006-12	内部控制缺失，关联方档案不完整，不规范；重大关联交易未识别未报告	监管函〔2017〕36号
资产管理公司	华安财保	2013-01	(1)"三会一层"运作问题，股东股权问题； (2)内部控制缺失，关联交易，合规等方面存在问题	监管函〔2017〕41号
责任险公司	长安责任	2007-09	(1)"三会一层"运作问题，股东股权问题； (2)内部控制缺失，关联交易，信息披露等方面存在问题； (3)违规代持股份，以非自有资金出资	监管函〔2017〕44号
健康险公司	昆仑健康	2006-01	(1)股东存在关联关系； (2)入股资金来源存在问题，提供虚假材料； (3)存在违规股权	监管函〔2017〕53号

资料来源：根据原中国保监会官网数据整理而得。

险行业中更为突出；16 家保险机构成立时间不到 10 年，其中寿险公司 12 家（包括交银康联、农银人寿两家保险机构，二者分别于 2010 年、2012 年发生股权变更）、财险公司 3 家、资产管理公司 1 家。成立时间较短的中小型保险机构治理风险集中度较高。

二、中国保险业治理风险特征

（一）股权结构存在重大隐患

2017 年以来，先后有昆仑健康保险①、利安人寿②、长安责任③、君康人寿④、华海财险⑤ 5 家保险公司因在 2012—2016 年存在隐瞒、代持、编制虚假材料、非自有资金出资等股权问题，被原中国保监会撤销行政许可并责令清理违规股权，股权问题已成当下保险公司治理中最为突出的问题。安邦保险、珠江人寿和恒大人寿的大股东上限并未触及监管红

---

① 保监许可〔2017〕1418 号. 参见：http://bxjg. circ. gov. cn//web/site0/tab5239/info4092139.htm.

② 保监许可〔2018〕35 号. 参见：http://bxjg.circ.gov.cn//web/site0/tab5239/info4096157.htm.

③ 保监许可〔2018〕41 号. 参见：http://bxjg.circ.gov.cn//web/site0/tab5239/info4096156.htm.

④ 保监许可〔2018〕153 号. 参见：http://bxjg. circ. gov. cn//web/site0/tab5239/info4098623.htm.

⑤ 保监许可〔2018〕184 号. 参见：http://bxjg. circ. gov. cn//web/site0/tab5239/info4099412.htm.

线 51%，但实质上，董事长吴小晖实际控制安邦保险，恒大人寿由恒大地产控制，前海人寿由钜盛华公司控制，三家保险公司均由各自的大股东或实际控制人控制，大股东拥有该公司决策的绝对话语权，"一股独大"的股权结构促使大股东的冒险动机更加强烈，侵占保单持有人利益和其他相关利益者利益的概率显著增加。

随着各种资本不断进入保险业，集团控股型保险公司大量涌现，有像安邦保险这样的保险集团，也有像恒大人寿这样由实业集团控制的保险集团。当民营资本取得保险集团实际控制权后，如果不遵照"保险姓保"的思路来经营，极有可能产生滥用控制权从而侵占保单持有人利益的问题，例如采取挪用、关联交易或担保的方式进行非法转移或侵占公司资产，将所控制的保险公司作为民营资本的融资工具甚至是"提款机"，用来缓解其他业务的资金压力。

原中国保监会也已于 2018 年 3 月 7 日颁布《保险公司股权管理办法》①，对保险公司股东按照持股比例进行划分并分别对其资格进行细化限制，同时还根据股东性质差异增加资格限制；将单一股东持股上限下调为 1/3；明确对投资人背景、资质和关联关系进行穿透性审查，将一致行动人纳入关联方管理，明确可以对资金来源向上追溯认定，将保险公司

---

① 保监会令〔2018〕5 号. 参见：http://bxjg.circ.gov.cn//web/site0/tab5224/info4101516.htm.

股东的实际控制人变更纳入备案管理，重点解决隐匿关联关系、隐形股东、违规代持等问题。2018 年原中国保监会针对股权管理推出的分类监管、资质细化要求、负面清单、向上回溯认定等穿透式监管措施，对保险公司股东责任的进一步强化及对保单持有人利益的保护有重要意义。

（二）关联交易风险突出

关联交易是公司之间进行利益输送的主要手段，更是保险公司治理监管的重点关注内容和关键环节。安邦保险、前海人寿利用隐匿关联方，或者频繁进行关联交易，将保险资金投向自己所属的实业企业。2016 年 6 月，原中国保监会对 2015 年保险公司关联交易有关问题进行了通报（表 5-2），2017 年，原中国保监会针对 19 家保险公司存在的治理风险而下发的监管函均涉及关联交易风险问题（表 5-1）。

表 5-2 2015 年保险公司关联交易问题情况通报①

关联交易问题	公司名称
关联交易资金运用比例违规（3 家）	出口信保、渤海财险、中煤财险
重大关联交易未上报（3 家）	太平财险、英大财险、中意财险
重大关联交易披露不规范（7 家）	太平集团、太平洋财险、光大永明人寿、中融人寿、前海人寿、太平资产、前海人寿

① 《中国保监会关于 2015 年保险公司关联交易有关问题的通报》。参见：http://bxjg.circ.gov.cn//web/site0/tab5218/info4028469.htm。

表5-2（续）

关联交易问题	公司名称
重大关联交易季报未上报 （13家）	太保集团、安华农险、阳光农险、华农财险、安诚财险、泰山财险、国华人寿、中融人寿、丰泰保险、劳合社（中国）、史带财险、中原农险、燕赵财险

资料来源：《中国保监会关于 2015 年保险公司关联交易有关问题的通报》。参见：http://bxjg.circ.gov.cn//web/site0/tab5218/info4028469.htm.

　　在股权集中的背景下，控股股东很容易利用关联交易进行"隧道挖掘"，窃取公司利益，导致保单持有人的利益被损害。为了进一步增强关联交易管理力度和防范不正当利益输送风险，原中国保监会从关联交易管理和信息披露上来严格规范关联交易，2017 年 6 月发布《关于进一步加强保险公司关联交易管理有关事项的通知》①。该通知首先基于"实质重于形式"的管理原则，重新定义了关联方和关联交易的内涵；其次规定保险机构设立关联交易控制委员会并设立"责任到人"的审核机制与追责机制；最后完善了事前（公开质询）和事中（责令停止或撤销关联交易）监管措施。在此基础上，还对《保险公司关联交易管理暂行办法》（2007）进行修订并于 2018 年 5 月公开征求意见。2016 年 7 月颁布《关于进一步加强保险公司关联交易信息披露工作有关问题

---

① 保监发〔2017〕52 号. 参见：http://bxjg.circ.gov.cn//web/site0/tab5225/info4074309.htm.

的通知》①，明确规定了关联交易的信息披露的范围、内容和标准以及法律责任，相较于之前的规定，各类要求都更加严格。

（三）"三会一层"运作不规范

"三会一层"的规范运作是保险公司治理的核心，也是公司治理建设的关键。目前我国保险业公司治理在"三会一层"方面还存在以下问题：一是董事会由实际控制人控制，专业委员会职能被虚化，董事会有效运作和治理效用严重受损；二是独立董事履职不积极，其决策受股东或管理层左右，存在独立性不强、议案表决走过场等问题，董事会很多经营决策和投资决策更多体现的是实际控制人或控股股东的意志；三是监事会方面，其职能被严重虚化，并未发挥实质性监督作用。原中国保监会的公司治理检查报告显示，大部分公司设立了监事会，但部分公司监事会会议召开间隔时间超过半年，有的甚至整年未召开过监事会议；也有股东或高管兼任监事的情况存在。

中国银保监会于 2018 年颁布《保险机构独立董事管理办法》，要求保险公司深化独立董事制度的监管约束机制，构建更有助于独立董事发挥治理作用的内部和外部环境。其

---

① 保监发〔2016〕52 号. 参见：http://bxjg.circ.gov.cn//web/site0/tab5225/info4035445.htm.

主要内容包括：明确要求独立董事规模不得少于 3 人，且比例不少于 1/3，规定了董事会各专业委员会中独立董事的人员设置和资质背景，对独立董事的具体任职机制进行了细化，如任职条件、职责和义务等，建立健全了独立董事履职的评价机制和监督问责机制。

三、中国保险业公司治理监管尚存短板

近年来，我国保险业公司存在的治理不规范（决策轻率、关联交易、利益输送等），业务发展激进、非传统类保险投资的风险认识和管理不足等问题，暴露出我国保险业改革探索经验不足，保险监管制度与实践尚存短板。

从监管方式的转变来看，我国保险监管经历了市场行为监管独重（1984—2003 年），市场行为和偿付能力监管并重（2003—2006 年），市场行为、偿付能力和公司治理的"三支柱"监管框架（2006 年至今）三阶段。我国于 2016 年开始正式实施第二代偿付能力监管规则，初步形成了与欧盟偿付能力体系、美国风险资本制度（RBC）模式"三足鼎立"格局。同时，2017 年 9 月，原中国保监会印发《偿二代二期工程建设方案》，启动了"偿二代"二期工程的建设，进一步加强了我国偿付能力监管在国际规则制定中的话语权。而我国公司治理监管最后才被纳入我国保险监管体系，相较我国市场行为和偿付能力监管而言，发展历程较短，监管实践

经验缺乏，同国际保险治理监管差距明显。其中，最为突出的就是外部治理监管方面。公司控制权市场是实施外部控制的核心（杨馥，2012）[①]，由于保险监管的引导缺乏，我国保险公司控制权市场尚未形成，市场化程度较低，对公司风险行为的约束作用也大打折扣。

2017 年以来，原中国保监会发布了"1+4"系列文件，针对我国保险业治理风险的现状进行了治理监管改革的调整。

第三节　中国保险业治理监管政策调整的内容

一、规范公司章程，夯实公司治理结构的制度基础

公司章程是公司的"基本法"，但部分公司轻视公司治理的作用，公司章程制定不规范，给公司治理运作留下了风险隐患。2017 年 4 月 24 日，原中国保监会颁布《保险公司章程指引》（保监发〔2017〕36 号），抓住了公司治理本源制度安排。

早在 2008 年，原中国保监会就已经出台了《关于规范保险公司章程的意见》，以规范公司章程，但只是规定了保险公司章程应当明确保险公司及其股东、董事、监事、管理

[①]　杨馥. 中国保险公司治理监管制度研究［D］. 成都：西南财经大学，2009.

层等各方权利和义务，以及粗线条的章程制定、修改程序，给予保险公司充分的自主权。但部分保险公司的治理观念薄弱，过度利用自主权，导致公司章程基本事项缺失，授权机制笼统或过度，关键人员的替代和递补机制模糊，董事提名产生机制缺失以及"生前遗嘱"缺失等，在公司治理运作中埋下了风险隐患，成为产生公司治理僵局、内部人控制、治理机制失衡的重要根源。原中国保监会在 2017 年颁布的《保险公司章程指引》针对近年来保险公司治理运作中的主要风险和章程制定中存在的突出问题，在《中华人民共和国公司法》《中华人民共和国保险法》《关于规范保险公司章程的意见》的基础上，基于风险监管原则，以公众公司为标准，针对公司治理运作中的主要风险点做出明确规定，规定和完善了股东权利和义务、股东大会及董事会授权机制、表决决议机制、独立董事和监事的权利和义务、关于公司治理的特别事项等，明文规定了公司章程包括内容、制定、修改等具体事项。例如，《关于规范保险公司章程的意见》中明确的股东权利和义务在《保险公司章程指引》中进行了具体列示，至少应包括不得代持和超比例持股；公司偿付能力达不到监管要求时，股东应支持公司改善偿付能力等在内的 16 项义务。公司章程是规范公司治理的制度基础，《保险公司章程指引》对形成良好的公司治理运作机制，提升公司治理有效性具有重要意义，有助于推动公司治理监管从"柔性引导"向"刚性约束"转变。

二、开展公司治理评价,全面摸清保险行业公司治理现状

公司治理评价是对公司治理状况的全面检查,反映公司治理水平,有利于投资者和监管者即时掌握公司的治理状况。我国保险公司治理评价始于 2010 年,以《保险法人机构公司治理评价办法(试行)》的颁布为标志,我国保险公司治理评价机制于 2015 年正式建立。

我国保险公司治理评价机制采用公司自评和监管评价相结合的方式,权重分别为 40% 和 60%。公司自评每年一次,评价内容包括职责边界(7%)、胜任能力(15%)、运行控制(51%)、考核激励(8%)和监督问责(19%)五项;监管评价则每季进行一次,包括约束性指标、遵循性指标和调节性指标三项。根据综合评价结果对保险法人机构进行定级,分为优质、合格、重点关注和不合格四个等级,监管机构将相应采取不同的监管措施,并建立黄牌、红牌警告制度。

在我国保险乱象层出不穷的背景下,原中国保监会提前启动 2017 年公司治理评价工作,动用 36 个保监局监管资源,对全部中外资保险公司法人机构共计 181 家(中资 130 家、外资 51 家,涉及集团公司、财产险公司、人身险公司以及保险资管公司),全覆盖地开展公司治理现场评估,无论是

在规模上，还是在方式方法上，都是前所未有的。从 2017 年的评级结果来看，优质类公司有 35 家；合格类公司有 91 家；重点关注类公司 4 家；另有 51 家公司股权（虚假注资、规避监管等）、"三会一层"运作（建设及运转不规范）、内部管控机制（力量配备不足、程序不完整）及关联交易（披露滞后、利益输送等）等方面问题突出。

三、加强股权和关联交易监管，坚持关键领域重点监管

股权作为公司治理的基础，各金融监管部门不约而同地将股权结构作为监管重点，保险行业也不例外。并且保险行业正值股权乱象频发，隐瞒、代持股权，编制虚假材料等问题不断出现的时期，先后有昆仑健康保险、长安责任保险、华海财险等 5 家保险公司违规股权被清理。保险行业股权问题亟待严格规范，原中国保监会于 2018 年 3 月 7 日发布《保险公司股权管理办法》，对保险公司股东按照持股比例进行划分并分别对其资格进行限制；明确单一股东持股比例不得超过 1/3；明确对投资人背景、资质和关联关系进行穿透性审查，将一致行动人纳入关联方管理，明确可以对资金来源向上追溯认定，将保险公司股东的实际控制人变更纳入备案管理，重点解决隐匿关联关系、隐形股东、违规代持等问题。

回溯过去，原中国保监会于 2000 年以来发布的《向保险公司投资入股管理暂行规定》等规范保险公司资本金来源

的规定已经不能满足保险公司资本构成多元化和股权结构多样化的特征，股权流动和股权交易日趋频繁也需要出台更有效的监管政策。原中国保监会于 2010 年 5 月 4 日颁布《保险公司股权管理办法》，对保险公司股权进行更进一步的规范，明确了单一股东（包括关联方）持股比例不超过 20%等一系列问题。原中国保监会于 2013 年对《保险公司股权管理办法》（2010 年版）进行修订，将保险公司单个股东的持股比例从原来的 20%提升至 51%。

原中国保监会于 2018 年 3 月 7 日发布《保险公司股权管理办法》（2018 年版），指出单一股东最高持股比例不得超过 1/3，且对股东资质进行分类监管，提出负面清单、向上回溯认定等穿透式监管措施，将对之后保险公司股权问题起到规范作用。

四、监管机构合并调整，降低监管成本和填补监管真空

在原中国保监会成立前，我国保险业由中国人民银行负责监管。为落实银行、证券、保险分业经营、分业管理的方针，加之对保险业的发展考虑，国务院于 1998 年批准成立中国保险监督管理委员会，以实现对保险业的有效监管。在金融混业经营趋势加剧的背景下，2018 年 3 月 13 日，第十三届全国人民代表大会第一次会议审议通过了"中国银行业监督管理委员会和中国保险监督管理委员会的职责整合，组建

中国银行保险监督管理委员会"方案。自此，金融监管结束了近 20 年的分业监管历程。

虽然较银行业而言，保险业经营存在众多特殊之处，但作为金融体系中的一员，银行和保险的联系也很紧密，包括资本筹集、营销渠道、资金运用、产品竞争等都有密切联系（庹国柱，2018）。因此，实行银保混业监管后，可以有效整合两部分类似监管模块，并有利于借鉴银行业的先进监管实践经验，从而在提高监管效率的同时降低监管成本。

在金融混业经营过程中，银保混业经营的趋势最为明显，融合最为深刻，但分业监管模式导致监管部门壁垒，难以实现对银行、保险中的所有机构、业务和产品的穿透式监管。银保混业监管打破了监管部门壁垒，实现穿透式监管，有助于提高监管的广度和深度，找到风险的源头，有针对性地制定防控风险的措施，实现监管的全覆盖。与银保混业经营的业态相匹配，可以引导和促进银保创新，保持我国银保活力，提高国际竞争力。同时，在银保监合并后的"三定"方案中显示新增股权与公司治理部，可见监管机构对公司治理监管的重视。

第四节　中国保险业治理监管政策调整的目的

一、提高我国保险业风险防范与化解的针对性

原中国保监会网站显示，2017 年共发布了 38 张监管函，而 2015 年是 5 张，2016 年是 16 张，这三年的监管函发放数量呈倍数增长，且 2017 年达历史最高。这 38 张监管函有 20 张涉及公司治理，占比高达 52%（图 5-3），涉及公司 19 家，其中，保险集团和资管公司各 1 家，财产险公司 6 家，人身险公司 11 家，其中珠江人寿被下发两张监管函。从监管函的发放数量和涉及问题可以看出保险行业治理问题严重。从历史看，我国保险业主要发生过三类风险案件：内部人控制导致的保险资产安全风险、股东之间或者股东与管理层之间权力之争导致的公司僵局风险、公司管控薄弱导致的经营管理风险。无论是现实还是历史都显示出当前我国保险业市场的主要风险和主要矛盾之一是公司治理，加强公司治理监管是实现"对症下药"的重点。

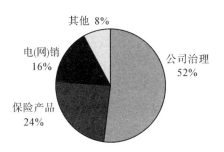

图 5-3　2007 年原中国保监会监管函涉及问题分布

资料来源：据原中国保监会网站统计资料整理。参见：http://bxjg.circ.gov.cn.

二、满足我国保险业对监管适应性的现实需求

我国属于发展中国家，保险市场的基本定位是新兴市场，在发展历程和发展路径上都与西方发达国家存在显著差异。20 世纪 30 年代起，英美保险业治理的形成和发展深受监管制度和司法案例的引导影响，由于市场化和信用体系成熟度高，其保险公司治理模式是市场主导和控制权市场。同时，20 世纪 90 年代全球金融一体化加快，并购潮席卷保险业，1988 年达到并购巅峰，全球保险并购案 190 起[1]，并购热潮对保险公司治理产生了正向效应。行业自律和市场约束对英美保险公司治理的作用十分突出，因此其保险监管以偿付能力为重心。我国保险业发展起步晚，市场化程度低（目前仅 4 家上市保险公司），加之国家本身的法制和信用体系

---

[1]　http://www.insurancejournal.com/news/national/2006/01/04/63721.htm.

等基础建设不足，保险业公司治理理念薄弱，外部治理要素缺失。若仍参照英美国家保险监管模式即单纯以偿付能力监管为主，这将与我国新兴保险市场的发展相矛盾，加强公司治理建设和监管与我国保险业发展现实更为契合。

三、推动我国保险业形成有机的"三支柱"监管体系

我国现行保险监管体系是包括市场行为、偿付能力和公司治理在内的"三支柱"，其中市场行为监管规范公司的"手"和"脚"，偿付能力监管控制公司的"心脏"和"血液"，公司治理监管针对公司的"大脑"和"神经"，三者虽然监管定位不一，但共同构成了一个相互补充和配合的有机整体。因为如果股东只承担有限责任，当面临资本不足的时候，机构的行为会更偏好风险（陈文辉，2015），以风险为基础的资本规定也不足以限制其风险偏好。此时，公司治理监管对偿付能力监管的支持和补充作用就显得尤为重要，利用公司治理机制提升公司风险应对能力，从而更好地发挥偿付能力监管的资本约束作用。在保险公司治理监管尚存短板的背景下，加强公司治理监管是促进保险监管"三支柱"监管体系发挥监管效能的关键。

第六章　中国系统重要性保险机构评估的实证研究

第一节　评估方法

一、客观赋权法——熵权法

Shannon 于 1984 年将熵引入信息理论以反映系统的无序化程度，即表示变量信息的不确定性程度。具体来讲，指标的熵值越小，则表示其变异程度越大，提供的信息量越充分，对评估结果的影响就越大，将被赋予更大的权重。信息熵值与测度的某项指标的熵权呈负相关关系。因此，本书根据熵的特性，通过各指标所包含的信息量大小，最终确定某项指标的具体权重。其计算步骤如下：

（1）假设由 m 个评价指标、n 个保险机构的不同取值共同构成一个矩阵，将其定义为矩阵 G：

$$G = \begin{bmatrix} g_{11} & g_{12} & \cdots & g_{1m} \\ g_{21} & g_{22} & \cdots & g_{2m} \\ \cdots & \cdots & \cdots & \cdots \\ g_{n1} & g_{n2} & \cdots & g_{nm} \end{bmatrix}$$

其中，g_{ij} 表示第 i 个保险机构的第 j 个评价指标值，$i = 1$，2，$\cdots$，n；$j = 1$，2，$\cdots$，m。

（2）对矩阵 G 做归一化处理，得到矩阵 G'：

$$G' = \begin{bmatrix} g'_{11} & g'_{12} & \cdots & g'_{1m} \\ g'_{21} & g'_{22} & \cdots & g'_{2m} \\ \cdots & \cdots & \cdots & \cdots \\ g'_{n1} & g'_{n2} & \cdots & g'_{nm} \end{bmatrix}$$

对于正向指标，其归一化处理方式为：

$$g'_{ij} = \frac{g_{ij} - \min\limits_{i=1}^{n} g_j}{\max\limits_{i=1}^{n} g_j - \min\limits_{i=1}^{n} g_j}$$

对于逆向指标，其归一化处理方式为：

$$g'_{ij} = \frac{\max\limits_{i=1}^{n} g_j - g_{ij}}{\max\limits_{i=1}^{n} g_j - \min\limits_{i=1}^{n} g_j}$$

其中，$\max g_j$ 表示第 j 个评价指标中的最大值，$\min g_j$ 表示第 j 个评价指标中的最小值。

（3）计算第 i 个保险机构在第 j 个评价指标下的比重 r_{ij}：

$$r_{ij} = \frac{g'_{ij}}{\sum_i g'_{ij}}$$

（4）计算第 j 个评价指标的熵值，用 He_j 来表示：

$$He_j = -K\sum_{i=1}^{n} r_{ij}\ln r_{ij} \quad (j=1, 2, \cdots, m)$$

其中，$K = \frac{1}{\ln n}$，并且假设 $r_{ij} = 0$ 时，$r_{ij}\ln r_{ij} = 0$。

（5）将熵值进行处理，得到第 j 个评价指标的熵权即权重，用 W_j 来表示：

$$w_j = \frac{1 - He_j}{m - \sum_{j=1}^{m} He_j}$$

二、TOPSIS 评估法

TOPSIS 方法是最接近完美解排序的方法，在不考虑数据分布状况、指标体系构建方式的情况下仍能够最大限度地提纯原始数据而被广泛应用。该方法通过计算得出被评估保险机构与其正理想解、负理想解的距离，比较接近程度，最终得出综合评分并排序。TOPSIS 法的计算步骤如下：

1. 将熵权法中计算的规范化决策矩阵 $G' = (g'_{ij})_{n \times m}$ 和权重 $W_j = (w_1, w_2, \cdots, w_m)$ 相乘，构造加权规范化矩阵 X：

$$X = (x_{ij})_{n \times m} = (g'_{ij}w_j)_{n \times m}$$

（2）构造正理想解向量 z^+ 和负理想解向量 z^-：

$$z^+ = \{x_j^+\}\,(j=1,2,\cdots,m)\,,\text{其中 } x_j^+ = \max(x_{1j},x_{2j},\cdots,x_{nj})$$

$$z^- = \{x_j^-\}\,(j=1,2,\cdots,m)\,,\text{其中 } x_j^- = \min(x_{1j},x_{2j},\cdots,x_{nj})$$

（3）计算各保险机构与正理想解、负理想解之间的欧氏距离，分别用 d_i^+、d_i^- 表示各保险机构二级指标到正理想解、负理想解之间的距离：

$$d_i^+ = \sqrt{\sum_{j=1}^{m}(x_{ij}-x_j^+)^2}$$

$$d_i^- = \sqrt{\sum_{j=1}^{m}(x_{ij}-x_j^-)^2}$$

（4）计算各指标与理想解的相对接近程度，得到各机构综合评分 P_i：

$$P_i = d_i^- / (d_i^- + d_i^+)$$

第二节　实证研究

一、数据来源

基于近几年出现的保险业重大风险案例，外在表现为频繁举牌、万能险粗放发展、跨市场跨境投资并购等市场乱象行为，实质为将"左手万能险高回报率的激进负债"用于"右手激进投资"。由于万能险业务一般为非保险合同，其保费收入计入"保户储金及投资款"负债类科目，故本书选择2017年保险资产负债表中"保户储金及投资款"达到200亿元及以上的保险机构作为研究样本，分别为人保集团、国寿集团、中再集团、中国太平集团、太保集团、平安集团、阳光集团、华泰集团、中华控股、安邦集团、泰康集团、新华人寿、富德生命、前海人寿、华夏人寿、天安财险、恒大人寿、珠江人寿、君康人寿、幸福人寿、天安人寿、建信人寿、中融人寿、国华人寿，其中有 17 家保险机构总资产超 1 000 亿元。同时，在确定 24 家保险机构的基础上，由于安邦集团被原中国保监会接管后，集团及旗下各子公司 2017 年度信息披露报告均暂缓披露，故决定选取各保险机构 2015 年、2016 年的数据进行评估。其中，新华人寿旗下的新华养老由于 2016 年 8 月才成立，故暂时未将其计入；中华控股、富德生命由于缺少集团并表数据，分别用中华联合财产和中华人寿并表合计值、富德生命人寿的并表数据替代；安邦集团被原中国保监会接管后，部分数据无法从其集团官网获得，故选择安邦财险和安邦人寿的并表合计值来表示。

二、指标构建

本书借鉴 IAIS（2016）对 G-SII 的评估指标及原中国保监会对 D-SII 的评估思路，将"公司治理"因素纳入评估指标体系，构建了规模、国内活跃度、关联性、资产变现、可替代性和公司治理六大类评估指标，其二级指标的设计如表 6-1 所示。

表6-1　指标设计及数据来源

一级指标	二级指标	计算方式	数据来源
规模	总资产（AS_{it}）	资产总计	资产负债表
	总收入（RE_{it}）	营业收入+营业外收入	利润表
国内活跃度	省级分公司数量（NF_{it}）	各公司省级分支机构合计值	保险机构通讯录
关联性	金融系统内资产（AST_{it}）	以公允价值计量且其变动计入当期损益的金融资产+可供出售金融资产+持有至到期金融资产+衍生金融资产+贷款及应收款项	资产负债表
	金融系统内负债（LIB_{it}）	以公允价值计量且其变动计入当期损益的金融负债+卖出回购金融资产+保户储金及投资款+应付债券+独立账户负债+拆入资金+银行同业及其他金融机构存放款项+衍生金融负债	资产负债表
	再保险（RI_{it}）	分出保费+分入保费	再保险业务统计表
	金融衍生品（DE_{it}）	衍生金融资产+衍生金融负债	资产负债表
	投资性房地产（HS_{it}）	投资性房地产	资产负债表
资产变现	非保单持有人负债和非保险收入（NP_{it}）	总负债-(应付保单红利+应付赔付款+保户储金及投资款+未到期责任准备金+未决赔款责任准备金+长期健康险责任准备金+寿险责任准备金)+投资收益+汇兑收益+公允价值变动收益+其他业务收入	资产负债表
	短期融资（FD_{it}）	短期借款+拆入资金+吸收存款+交易性金融负债+卖出回购金融资产+衍生金融负债	资产负债表

表6-1(续)

一级指标	二级指标	计算方式	数据来源
资产变现	保单流动负债（LT_{it}）	短期借款＋拆入资金＋交易性金融负债+衍生金融负债+卖出回购金融资产款+预收保费+应付赔付款+应付保单红利+应付手续费及佣金+应付分保险账款+应付职工薪酬+应交税费+保户储金及投资款+未到期责任准备金+未决赔款责任准备金	资产负债表
可替代性	总保费收入（PR_{it}）	总保费收入	利润表
公司治理	中小股东股权占比（SH_{it}）	1-第一大股东持股比例	公司官网
	重要股东数（SA_{it}）	持股5%及以上的股东数	公司官网
	独立董事占比（DP_{it}）	独立董事人数/董事会总人数	公司官网
	股东大会每年召开会议次数（CM_{it}）	年召开会议次数	公司官网
	董事会规模（DR_{it}）	董事总人数	公司官网
	监事会规模（SP_{it}）	监事总人数	公司官网

注：数据来源于《中国保险统计年鉴》（2016、2017）及各家保险机构官网公开信息。资产负债表和利润表均为合并报表，若年报中只披露了本公司报表，则选择本公司报表进行统计。

（一）规模

IAIS（2016）选用"总资产"和"总收入"作为"规模"的评估指标，本书借鉴其指标选择，选取"总资产"和"总收入"代表"规模"的评估指标。总资产：选取"资产总计"项，记为 AS_{it}。总收入：选取"营业收入"与"营业外收入"合计值，记为 RE_{it}。（注：下标 it 表示第 i 家机构在 t 时刻的指标值，下文不再赘述）

（二）国内活跃度

IAIS（2016）选用"本国以外获得收入"和"开设分支机构的别国数目"作为"国际活跃度"的评估指标。本书采用各保险机构在全国范围内开设的"省级分公司数量"作为"国内活跃度"的评估指标，选取"各公司省级分支机构"合计值，记为 NF_{it}。

（三）关联性

IAIS（2016）的"外部关联性"评估指标分为两大类，一类是"交易对手的风险暴露"，包括"金融系统内资产""金融系统内负责""再保险""金融衍生品"四类指标；另一类是"宏观经济的风险暴露"，包括"特殊衍生品交易（CDS）""金融担保""变额保险产品的最低担保"三类指标。由于中国和国际保险业的发展阶段不同，中国保险业务在本质上有别于西方国家，同时基于数据可获得性考虑，本书最终采用"金融系统内资产""金融系统内负债""再保险""金融衍生品""投资性房地产"五类指标来评估。金融系统内资产：选取"以公允价值计量且其变动计入当期损益的金融资产""可供出售金融资产""持有至到期金融资产"

"衍生金融资产""贷款及应收款项"① 的合计值，记为
AST_{it}。金融系统内负债：选取"以公允价值计量且其变动计
入当期损益的金融负债""卖出回购金融资产""保户储金及
投资款""应付债券""独立账户负债""拆入资金""银行同
业及其他金融机构存放款项"② 及"衍生金融负债"的合计
值，记为 LIB_{it}。再保险：选取"分出保费"与"分入保费"
的合计值，记为 RI_{it}。金融衍生品：选取"衍生金融资产"
与"衍生金融负债"的合计值，记为 DE_{it}。投资性房地产：
选取"投资性房地产"的合计值，记为 HS_{it}。

（四）资产变现

IAIS（2016）的"资产变现"评估指标包括"非保单持
有人负债和非保险收入""第三级资产""保单负债流动性"
"短期融资"及"交易量"五类指标。本书基于中国保险业
务发展差异性及数据可获得性考虑，最终采用"非保单持有
人负债和非保险收入""短期融资""保单负债流动性"三类
指标来评估。非保单持有人负债和非保险收入：选取"非保

---

① 贷款及应收款项：指在活跃市场中没有报价、回收金额固定或可确定的非
　衍生金融资产，包括各项应收款项、保户质押贷款、定期存款、存出资本
　保证金、金融资产回购业务（买入贩售金融资产）、客户垫款或贷款以及
　归入贷款及应收款项的投资等。
② 银行同业及其他金融机构存放款项：截至2016年底，因平安集团、安邦集
　团仍分别下辖平安银行、成都农商银行这两家银行业子公司，故将该类指
　标纳入金融系统内负债中。

单持有人负债"与"非寿险收入"的合计值,记为 NP_{it},其中非保单持有人负债=总负债-保单负债;非寿险收入=投资收益+汇兑收益+公允价值变动收益+其他业务收入。短期融资:选取"短期借款""拆入资金""吸收存款""交易性金融负债""卖出回购金融资产""衍生金融负债"的合计值,记为 FD_{it}。保单负债流动性:实为"流动负债",记为 LT_{it}。

(五)可替代性

IAIS(2016)将巨灾保险、信用保险、航空和海运保险三大市场的保费收入作为衡量保险机构业务活动可替代程度高低的指标,原因是从全球范围看,这三个市场被认为是重要且高度集中的保险市场。国内外保险市场具有一定差异性,国内保险业务同质性较高,一家公司破产后,其业务的不可替代性主要取决于总体保费规模,因此本书使用各公司的"总保费收入"作为保险公司的可替代性指标,记为 PR_{it}。

(六)公司治理

保险机构的公司治理机制越有效,其系统重要性程度越低。本书基于股东治理、董事会治理及监事会治理三方面,选取"中小股东股权占比""重要股东数""独立董事占比""股东大会每年召开会议次数""董事会规模""监事会规模"总计六个二级指标来表示中国保险机构公司治理机制的有效程度。其中中小股东股权占比=1-第一大股东持股比例,记

为 SH_{it}；重要股东数采用"持股 5% 及以上的股东数"，记为 SA_{it}；独立董事占比采用"独立董事占董事会人数比例"，记为 DP_{it}。股东大会每年召开会议次数记为 CM_{it}；董事会规模记为 DR_{it}；监事会规模记为 SP_{it}。

三、权重确定

整理上述 24 家保险机构 2015 年、2016 年相关数据，运用熵权法确定 2015 年、2016 年保险机构指标权重，结果如表 6-2 所示。

表 6-2　熵权法下 24 家保险机构 2015 年、2016 年各指标权重

2015 年各指标权重		2016 年各指标权重	
一级指标及权重	二级指标及权重	二级指标及权重	一级指标及权重
规模（11.7%）	总资产（6.61%）	总资产（6.57%）	规模（11.0%）
	总收入（5.09%）	总收入（4.47%）	
国内活跃度（2.4%）	省级分公司数量（2.35%）	省级分公司数量（2.32%）	国内活跃度（2.3%）
关联性（40.5%）	金融系统内资产（6.74%）	金融系统内资产（7.19%）	关联性（41.7%）
	金融系统内负债（5.57%）	金融系统内负债（5.95%）	
	再保险（7.11%）	再保险（7.79%）	
	衍生品（16.07%）	衍生品（15.49%）	
	投资性房地产（5.04%）	投资性房地产（5.27%）	

表6-2(续)

2015 年各指标权重		2016 年各指标权重	
一级指标及权重	二级指标及权重	二级指标及权重	一级指标及权重
资产变现(29.3%)	非保单持有人负债和非保险收入(9.94%)	非保单持有人负债和非保险收入(9.77%)	资产变现(30.3%)
	短期融资(14.91%)	短期融资(15.48%)	
	流动负债(4.40%)	流动负债(5.03%)	
可替代性(9.5%)	总保费收入(9.46%)	总保费收入(7.89%)	可替代性(7.9%)
公司治理(6.7%)	中小股东股权占比(1.66%)	中小股东股权占比(1.57%)	公司治理(6.8%)
	重要股东数(0.79%)	重要股东数(0.76%)	
	独立董事占比(1.13%)	独立董事占比(1.62%)	
	股东大会每年召开会议次数(1.12%)	股东大会每年召开会议次数(1.40%)	
	董事会规模(0.96%)	董事会规模(0.81%)	
	监事会规模(1.03%)	监事会规模(0.60%)	

通过分析表6-2，可知：

（1）对比 2015、2016 年权重可知，六大类指标变化差异不大，各指标权重趋于稳定。

（2）六大类指标权重之间差异较大，其中关联性与资产变现指标权重占总权重的约70%，与 IAIS（2016）评估权重一致。

（3）关联性指标权重约为40%，占比最大，表明关联性是影响我国保险机构系统重要性的重要因素。保险机构与金融机构之间的关系日趋复杂，其中投资性房地产的指标权重约为5%，表明当前中国保险业与房地产业之间的关联性增强，其潜在的系统性风险不容忽视。

（4）公司治理指标权重占比约为7%，虽然占比不高，但超过国内活跃度指标，接近可替代性指标权重，对我国保险机构的系统重要性具有一定的影响。

四、系统重要性评估

（一）评估得分及排名

基于上述指标权重确定，运用 TOPSIS 方法确定 2015年、2016 年保险机构系统重要性评估得分并排名，如表6-3所示。

表6-3　保险机构系统重要性评估得分及排名

保险机构	2015 年		2016 年		排名变化
	系统重要性得分	排名	系统重要性得分	排名	
平安集团	0.916	1	0.869	1	0
安邦集团	0.332	2	0.449	2	0
国寿集团	0.293	3	0.280	3	0
人保集团	0.244	4	0.262	4	0
太保集团	0.161	5	0.152	6	−1

表6-3(续)

保险机构	2015 年		2016 年		排名变化
	系统重要性得分	排名	系统重要性得分	排名	
富德生命	0.136	6	0.114	7	-1
泰康集团	0.106	7	0.089	9	-2
中国太平	0.102	8	0.113	8	0
阳光集团	0.084	9	0.080	10	-1
前海人寿	0.082	10	0.159	5	5
新华人寿	0.080	11	0.068	12	-1
中再集团	0.072	12	0.061	14	-2
华夏人寿	0.063	13	0.078	11	2
中华控股	0.059	14	0.057	16	-2
天安财险	0.055	15	0.064	13	2
恒大人寿	0.054	16	0.061	15	1
华泰集团	0.052	17	0.051	18	-1
国华人寿	0.048	18	0.052	17	1
君康人寿	0.046	19	0.039	20	-1
建信人寿	0.044	20	0.047	19	1
珠江人寿	0.043	21	0.036	23	-2
中融人寿	0.042	22	0.035	24	-2
幸福人寿	0.040	23	0.039	21	2
大安人寿	0.029	24	0.037	22	2

分析表6-3，可知：

（1）2015年、2016年平安集团、安邦集团、国寿集团、人保集团四家集团公司的系统重要性排名并未发生变化，平安集团始终排名第一，与入选D-SII结果一致；安邦集团排名第二，系统重要性排名连续两年超过国寿集团、人保集团两家集团。平安集团、国寿集团、人保集团三家集团公司是我国传统的大型保险机构，而安邦集团是在几年内迅速发展起来的大型保险机构，在2015年、2016年两年间，其资产规模分别达到18 615亿元、29 885亿元，均超过人保集团。这期间，安邦集团的万能险高速粗放发展，资产端频繁举牌，大肆进行跨境海外收购。

（2）2016年，前海人寿、华夏人寿、天安财险、天安人寿、幸福人寿、恒大人寿、国华人寿等中小型保险机构的系统重要性排名相比于2015年均出现不同程度上升，尤其是前海人寿系统重要性排名出现急剧上升，由2015年的第10名跃居2016年的第5名。这期间上述中小型保险机构均出现了利用万能险保费进行频繁举牌现象。

（二）"公司治理"对系统重要性评估及排名的影响分析

"公司治理"对系统重要性评估及排名的影响分析见表6-4。

表 6-4　公司治理与 2016 年系统重要性评估得分及排名对比

保险机构	排名的变化	纳入"公司治理"指标得分	排名	未纳入"公司治理"指标得分	排名
平安集团	0	0.869	1	0.886	1
安邦集团	0	0.449	2	0.448	2
国寿集团	0	0.280	3	0.270	3
人保集团	0	0.262	4	0.260	4
前海人寿	0	0.159	5	0.153	5
太保集团	0	0.152	6	0.146	6
富德生命	0	0.114	7	0.108	7
中国太平	0	0.113	8	0.102	8
泰康集团	0	0.089	9	0.084	9
阳光集团	1	0.080	10	0.070	11
华夏人寿	-1	0.078	11	0.073	10
新华人寿	0	0.068	12	0.062	12
天安财险	0	0.064	13	0.056	13
中再集团	0	0.061	14	0.039	14
恒大人寿	6	0.061	15	0.011	21
中华控股	1	0.057	16	0.031	17
国华人寿	-2	0.052	17	0.035	15
华泰集团	-2	0.051	18	0.032	16
建信人寿	0	0.047	19	0.017	19

表6-4(续)

保险机构	排名的变化	纳入"公司治理"指标得分	排名	未纳入"公司治理"指标得分	排名
君康人寿	2	0.039	20	0.007	22
幸福人寿	−1	0.039	21	0.016	20
天安人寿	−4	0.037	22	0.028	18
珠江人寿	0	0.036	23	0.006	23
中融人寿	0	0.035	24		24

分析表6-4可知：

（1）如表6-4所示，纳入"公司治理"指标后，平安集团的系统重要性得分下降，由0.886分降至0.869分，其余23家保险机构的系统重要性得分均有所提高。这表明当前我国保险业公司治理的有效性是保险机构系统重要性的重要影响因素。其中，平安集团的公司治理水平降低了其系统性风险的溢出效应，而其余23家保险机构的公司治理水平却提高了其系统性风险的溢出效应。

（2）公司治理的有效性对中小型保险机构系统重要性的影响更为明显。从实证结果可以看出，大型保险机构的系统重要性排名在加入"公司治理"指标后几乎保持不变，排名变动主要集中在中小型保险机构之中，尤其是恒大人寿排名上升了6个位次。另外，君康人寿、中华控股、阳光集团3家保险机构在加入"公司治理"指标后，其系统重要性得

分排名也分别上升了 2、1、1 个位次。而在 2017 年原中国保
监会发出的公司治理监管函中，这 4 家保险机构均榜上有
名，因其资金运用违规、万能险业务经营不合规、"三会一
层"运作不规范、内部管控不规范、重大关联交易未披露或
未识别、独立董事缺失、股权代持等问题被处罚或停业整
顿①。这表明部分中小型保险机构公司的治理缺陷对其系统
重要性程度存在显著影响。

五、系统重要性保险机构识别

通过聚类分析能够根据相似程度将样本进行分类，使得
同一类型的样本对象同质性最大化且不同类型的样本对象异
质性最大化（何晓群，2015）。本书选择 2016 年归一化后的
数据进行样本聚类分析，从而识别系统重要性保险机构。本
书利用 SPSS19.0 软件，选取最远邻元素方法对 24 家保险机
构进行系统聚类，分为三类：系统重要性保险机构、潜在系
统重要性保险机构和非系统重要性保险机构，形成树状图如
图 6-1 所示。

---

① 详见原中国保监会官网：监管函〔2017〕8 号、30 号、33 号、36 号。

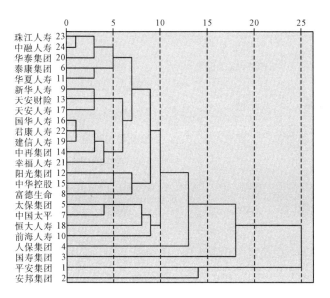

图 6-1　2016 年中国保险机构系统重要性聚类图

由图 6-1 可知，平安集团、安邦集团为一类，国寿集团单独为一类，其他保险机构为一类。因此，平安集团、安邦集团为系统重要性保险机构，国寿集团为潜在系统重要性保险机构，其他保险机构则为非系统重要性保险机构。

六、评估结果验证

本书借鉴 IAIS 采用的主观平均赋权法来对上述评估结果进行验证，并比较主观、客观赋权法对评价结果的影响。若无较大差异，则运用客观赋权法评估的可靠性及合理性将得到进一步验证。IAIS 主观平均赋权法下的指标权重见表 6-5。

表 6-5 IAIS 主观平均赋权法下的各指标权重

一级指标	借鉴确定一级指标权重	二级指标	二级指标权重
规模	5%	总资产	2.50%
		总收入	2.50%
国内活跃度	5%	分支机构数量	5.00%
关联性	49%	金融系统内资产	9.80%
		金融系统内负债	9.80%
		再保险	9.80%
		衍生品	9.80%
		投资性房地产	9.80%
资产变现	36%	非保单持有人负债和非保险收入	12.00%
		短期融资	12.00%
		流动负债	12.00%
可替代性	5%	总保费收入	5.00%

所以，保险机构 i 在 t 时刻的系统重要性得分 P'_i 可由以下公式表示：

$$P'_i = 2.5\% \times \left(\frac{AS_{it}}{\sum_{i=1}^{24} AS_{it}} + \frac{RE_{it}}{\sum_{i=1}^{24} RE_{it}}\right) + 5\% \times \left(\frac{NF_{it}}{\sum_{i=1}^{24} NF_{it}} + \right.$$

$$\left.\frac{PR_{it}}{\sum_{i=1}^{24} PR_{it}}\right) + 12\% \times \left(\frac{NP_{it}}{\sum_{i=1}^{24} NP_{it}} + \frac{FD_{it}}{\sum_{i=1}^{24} FD_{it}} + + \frac{LT_{it}}{\sum_{i=1}^{24} LT_{it}}\right) + 9.8\% \times$$

$$(\frac{AST_{it}}{\sum\limits_{i=1}^{24} AST_{it}} + \frac{LIB_{it}}{\sum\limits_{i=1}^{24} LIB_{it}} + \frac{RI_{it}}{\sum\limits_{i=1}^{24} RI_{it}} + \frac{DE_{it}}{\sum\limits_{i=1}^{24} DE_{it}} + \frac{HS_{it}}{\sum\limits_{i=1}^{24} HS_{it}})$$

　　主观平均赋权法与客观赋权法下，系统重要性评估结果的对比如表 6-6 所示。

表 6-6　主观平均赋权法与客观赋权法下的评估结果对比

保险机构	主观赋权	排名	客观赋权	排名	排名变化
平安集团	0.381	1	0.886	1	0
安邦集团	0.155	2	0.448	2	0
国寿集团	0.089	3	0.270	3	0
人保集团	0.079	4	0.260	4	0
太保集团	0.047	5	0.146	6	1
泰康集团	0.032	6	0.084	9	3
中国太平	0.029	7	0.102	8	1
前海人寿	0.028	8	0.153	5	−3
富德生命	0.025	9	0.108	7	−2
华夏人寿	0.025	10	0.073	10	0
新华人寿	0.019	11	0.062	12	1
阳光集团	0.017	12	0.070	11	−1
天安财险	0.017	13	0.056	13	0
中再集团	0.010	14	0.039	14	0
天安人寿	0.008	15	0.028	18	3
中华控股	0.008	16	0.031	17	1

表6-6（续）

保险机构	主观赋权	排名	客观赋权	排名	排名变化
国华人寿	0.007	17	0.035	15	-2
华泰集团	0.005	18	0.032	16	-2
建信人寿	0.004	19	0.017	19	0
恒大人寿	0.004	20	0.011	21	1
幸福人寿	0.004	21	0.016	20	-1
君康人寿	0.002	22	0.007	22	0
珠江人寿	0.002	23	0.006	23	0
中融人寿	0.001	24	0.004	24	0

由表6-6可知，在主观平均赋权法与客观赋权法下，24家保险机构的排名并未出现大的变动，且平安集团、安邦集团、国寿集团、人保集团的排名非常稳定，未发生位次改变。而排名前十的保险机构也只在前十名范围内发生了变动。主观平均赋权法下的评估结果基本与客观赋权法下的评估结果一致，加入"公司治理"指标后运用客观赋权法得到的评估结果依旧可靠、合理。

第三节　研究结论

本书将"公司治理"因素纳入评估指标体系，运用熵权法确定指标权重，进一步运用 TOPSIS 方法对我国系统重要性保险机构进行评估，对比分析了 2015 年、2016 年各保险机构的系统重要性排名变化，通过聚类分析对系统重要性保险机构进行识别，研究结论如下：

（1）平安集团、安邦集团、国寿集团、人保集团 4 家大型保险机构，在 2015 年、2016 年始终位居前 4 名，因此"规模"是影响我国保险机构系统重要性的重要因素。规模大的保险机构或集团，所涉及的业务范围广泛、业务种类复杂，与其他金融市场产生的投融资业务以及集团内部的业务往来致使风险关联性更强，且其一旦经营失败，对行业来说几乎具有毁灭性的影响，从而具有系统重要性。

（2）对比 2015 年，无论是大型保险机构还是中小型保险机构，2016 年的系统重要性得分或排名均出现不同程度的变化，尤其是前海人寿，其系统重要性排名出现急剧上升情况，由 2015 年的第 10 名跃居 2016 年的第 5 名。对比 2015 年，中小型保险机构如华夏人寿、天安财险、天安人寿、幸福人寿、恒大人寿、国华人寿的系统重要性排名均出现了不同程度的上升。在此期间，上述中小型保险机构均暴露过"万能险粗放发展""险资频繁举牌"等问题，其实质都是治理缺陷，中小型保险机构的治理缺陷是增加其系统重要性的重要因素。

（3）将对比指标"公司治理"纳入后，系统重要性评估得分及排名发生了变化。平安集团的系统重要性得分下降，其余 23 家保险机构的系统重要性得分均有所提高，这表明当前我国保险业公司治理的有效性是保险机构系统重要性的重要影响因素。其中，平安集团的公司治理水平降低了其系统性风险的溢出效应，而其余 23 家保险机构的公司治理水平却提高了其系统性风险的溢出效应。

（4）将对比指标"公司治理"纳入后，系统重要性评估得分及排名发生了变化。大型保险机构的系统重要性排名几乎保持不变，排名变动主要集中在中小型保险机构之中，尤其是恒大人寿排名上升了 6 个位次，君康人寿、中华控股、阳光集团 3 家保险机构排名也分别上升了 2、1、1 个位次。这 4 家保险机构在此期间均存在治理缺陷，其公司治理对系统重要性程度存在显著影响。它说明公司治理的有效性对中小型保险机构的系统重要性影响更为明显。

（5）通过聚类分析发现平安集团、安邦集团属于"系统重要性保险机构"，国寿集团属于"潜在系统重要性保险机构"。安邦集团的发展"势如破竹"，在 2015 年、2016 年两年间，其资产规模超过人保集团，但仍然低于平安集团和国寿集团，但系统重要性排名居第二，并且和平安集团同属"系统重要性保险机构"。分析可知，除了规模是其重要的影响因素之外，在此期间安邦集团频繁举牌，大肆进行跨境海外收购，复杂的股权设计、隐匿控制人、董事会独立性受限、缺乏有效的内部控制等公司治理缺陷，也是其重要的影响因素。

第七章　中国保险业系统性风险的审慎监管

第一节　保险业系统性风险审慎监管的原则与思路

一、保险业审慎监管的制度变迁

1973 年，欧洲首次引入了偿付能力监管，即首个非寿险指令（随后是 1979 年的寿险指令）。1994 年，整个欧盟地区废除了费率和险种监控，取而代之的是偿付能力监管制度。这些偿付能力监管措施基于简单计算，重点是保险公司资产负债表上的承保风险。虽然指令被证明在将偿付能力不足个案维持在一个可接受水平方面相当有效，但其主要不足是没有适当考虑到市场风险。另外，对保险公司资产负债表没有采用经济方法进行估价。由于需要采用更基于风险的经济方法来审查保险公司的偿付能力，2009 年 5 月，偿付能力Ⅱ框架指令被采纳。该新的监管制度在 2008 年全球金融危机过后经过多次讨论修改，在 2014 年进入紧锣密鼓的测试期，业内预计其正式实施已为时不远。美国和日本分别于 1994 年和 1997 年引入了风险资本模型（risk-based capital）形式的偿付能力监管机制。

偿付能力监管旨在使监管机构能够及时监测到保险公司资本金充足率问题。如果一家保险公司所持资本金低于最低资本要求，则可以逐步引进监管措施。这种"微观审慎"的监管方式即针对个别公司经济健康程度的监管看起来很适合保险业，但随着世界经济和金融形势的变化，这一监管规则面临着越来越多的挑战。

相对于银行业，保险业务引发金融系统性风险的可能性不大。但这种可能性伴随着不可逆转的金融深化，伴随着金融混业趋势的重新崛起，伴随着保险业的开放以及去监管化（deregulation），正变得越来越不可忽视。市场开放将全球金融市场以及风险交换市场紧密联系在一起，强化了保险业务甚至金融业务之间的传染性；金融混业趋势和去监管化则使得一些新兴业务不断滋生，它们游离在监管者视野之外，是一股不容忽视的金融创新力量。对这些力量如不加以重视和适当管理，很有可能引发大规模的保险危机，甚至引发金融市场动荡，从而演变为现实的金融系统性风险。然而，目前世界范围的保险监管体系还基本属于微观监管模式，仅仅关注保险业微观个体的活动，未能对宏观系统性风险实现有效管理（SwissRe，2010）。之所以形成这一微观监管模式，是因为人们多年来形成了一种共识：保险业不像银行支付体系那样关系全局，不太可能引发系统性风险。正如2008年AIG破产事件表明的那样，这种观点随着保险业和金融业的演变已发生了本质上的改变。既然微观审慎监管在面对系统性风险时有着内在的缺陷，保险业的宏观审慎监管必然成为当前保险业监管制度的重要改革方向。

2008年全球金融危机爆发后，防范系统性风险和维护金融稳定成为监管机构的主要任务，宏观审慎监管由此备受关注。美国、英国和欧盟的金融监管改革方案都不约而同地提出要加强宏观审慎监管，改变以往仅从微观层面关注个体金融机构风险的做法。宏观审慎监管应包括宏观审慎监管工具和宏观审慎监测。"工具"主要指监管者采取的行动，是一部分或全部微观审慎监管工具之和。"监测"主要侧重于市场分析，包括数据搜集和分析、预警系统及压力测试等。目前，金融稳定理事会（FSB）及其成员正致力于开发定量工具，用于监测和评估金融体系中的宏观审慎风险及其演变过程，包括杠杆率等系统性指标。国际保险监督官协会（IAIS）认为，保险领域存在系统性风险，但其作用方式与银行不同。保险业通常并非系统性风险的始作俑者，而只是其传递载体或受害者；少数源于保险业的系统性风险的影响也将在较长时间内逐步释放，而不会在短时间内对市场造成巨大冲击。目前，国际保险监督官协会（IAIS）已经向二十国集团（G20）和金融稳定委员会（FSB）提交了《系统性风险和保险业》调查报告，介绍保险领域的系统性风险状况；修改《保险核心原则》，制定独立的宏观审慎监管原则，明确保险监管机构拥有维护金融稳定的职责；建立针对跨国保险集团的跨境危机管理和解决机制，解决"太大而不能倒"的道德风险问题；将金融稳定工作组升格为常设的金融稳定委员会，负责建立金融稳定框架，研究宏观审慎评估体系和宏观审慎监管工具。另据欧盟保险和职业养老金委员会介绍，欧盟正对大型金融集团开展压力测试，对欧盟内部各地区风险进行评估，并收集有关金融稳定数据上报 FSB。我国保险领域的系统性影响在资本市场、养老健康保障和"三农"领域等多方面都有体现，并已超越经济范畴而作用于社会管理领域。

二、保险业系统性风险审慎监管的原则

（一）参考国际经验，立足中国实际

国际保险监督官协会（IAIS）通过不断完善和优化，已经基本建立了一套完整的事前规避、事中防范和事后补救保

险业系统性风险的监管体系，其监管框架和监管逻辑可以被充分借鉴。我国保险业处于新兴市场经济体中，系统性风险的来源、表现形式和特点与发达市场可能存在较大差异，发达国家或者地区的保险业系统性风险监管措施未必能有效预警和防范我国保险业系统性风险。我们应该在借鉴国际监管经验的基础上，积极探索建立符合我国保险业发展阶段和风险特征，并充分考虑行业发展和可能的演变，前瞻性考虑与国际监管标准接轨，具有中国特色的保险业系统性风险宏观审慎监管原则。

宏观审慎监管赋予了监管部门新的职能，对监管部门提出了更高要求。监管部门应该参考国际成功经验，立足中国现实来制定宏观审慎监管政策。一是积极跟踪金融稳定委员会（FSB）、巴塞尔银行监管委员会（BCBS）等对宏观审慎监管的探讨，密切关注金融稳定委员会、IAIS 的工作进展，全面了解保险领域宏观审慎监管的范围和主要措施；二是研究建立适合我国国情的宏观审慎监管机制，运用宏观审慎监管工具，完善保险市场风险预警机制，改进动态偿付能力监测和压力测试方法；三是针对重点区域、重点公司和重点业务领域推进跟踪报告制度，加强系统性风险的监测与排查；四是建立保险领域的危机管理机制，加强对危机事件的预测和预防，完善对非正常退保、外资保险公司母公司发生危机等突发事件的处理措施。

（二）宏观审慎监管与微观审慎监管协调并举

以系统性风险为目标的保险监管属于宏观监管范畴，但由于宏观审慎监管在具体监管行为上有可能演变成微观审慎监管行为，甚至直接借用微观审慎监管行为，因此，宏观审慎监管实际上在某种程度上必须借助微观监管。也就是说，在某些特殊情形下，保险的宏观审慎监管必须和微观审慎监管协调实施。

一般来说，宏观审慎监管决策主要涉及行业政策调整，这类监管行为针对行业而非具体公司，因此属于宏观审慎监管。但某些宏观审慎监管会和微观审慎监管发生冲突，比如在分析系统性风险来源时，发现其来源主要为市场中的某个或者某几个机构具体指标出现较大偏离，从而对行业均值产生影响，此时的监管行为就必须具体针对这些公司，因此演变成微观审慎监管。此时，以系统性风险为防控目标的宏观审慎监管需要和其他可能正在执行的微观审慎监管行为进行协调。

微观审慎监管政策与宏观审慎监管政策的目标和监管对象不同，前者的监管行为容易造成"合成谬误"，且难以监管跨部门的风险，并与宏观审慎监管目标冲突，二者缺乏协调可能引起系统性风险恶化。而且，微观审慎监管工具是宏观审慎监管工具的基础，且能够为防范系统性风险而在微观层面进行一定的控制。微观审慎监管对于宏观审慎监管而言是不可或缺的，两者要做到机制互补，实现金融监管的协调配合。保险业必须坚持宏观和微观审慎监管协调并举，才能实现对系统性风险的全面覆盖和全程监控，充分发挥保险的"社会稳定器"作用。监管协调的主要目标包括：

（1）避免冲突性质的监管行为同时针对具体公司做出，妨碍监管目标。

（2）避免来自不同目标的监管行为发生冲突，影响监管的严肃性和一致性。

（3）梳理监管策略，研究统一且目标一致的监管方案，由上级监管决策机构做出最终决策。

（三）始终坚持"保险姓保，监管姓监"的根基

保险业发展必须坚持"保险姓保"的根基，回归和立足风险保障这一根本属性；同时，专注于行业长期增长质量，在负债端侧重发展风险保障和长期储蓄业务，在资产端追求长期稳定的投资回报。监管当局应该始终坚持"监管姓监"原则，落实监管责任。首先，创新监管理念，厘清监管与市场的关系，把"放开前端"和"管住后端"有机结合。灵活运用"技术监管"和"监管干预"。对经营稳健、风险水平较低的公司，更多地采取风险监测、压力测试、偿付能力监管等"技术监管"方式，既关注风险，又不过多干预公司正常经营。对于经营激进、风险很高、治理不健全的公司或高风险业务，直接采取叫停业务、叫停投资等"监管干预"方

式,及时防止风险扩大和蔓延。其次,坚持市场化改革与法治化建设相结合。进一步推进保险领域体制机制改革,加大产品服务创新,推进保险供给与需求协调发展;同时,要准确把握保险市场特征,健全法规制度,加大执法力度,提高违法违规成本,提高监管威慑力。真正做到"前端放得开,后端管得住"。

(四)设立"超级监管机构",填补金融监管漏洞

2007年次贷危机发生前,美国主要是"分业经营、分业监管"的模式,此种监管模式存在着监管重叠、成本高昂的缺点,并且各监管机构间的信息沟通不畅,对于系统性风险的把控能力有限,无法形成有效监管。美国以《金融监管改革——一个新的基础》(2009)和《多德—弗兰克法案》(2010)为纲领性文件,进行了监管模式改革,设立了金融稳定监管委员会(FSOC),负责解决金融监管机构之间的协调与制衡问题,防范和处置系统性风险,监督美联储的监管活动等;设立了联邦保险办公室,负责搜集保险业数据,监测保险业系统性风险,与各州监管部门联合负责监管保险公司;赋予了美联储监管系统重要性金融机构的监管权力,使之成为"全能型超级监管人",对美国金融体系中的系统性风险进行监管。

2007年次贷危机发生前,英国金融业主要由金融稳定理事会(CFS)全面负责监控金融业的风险和稳定状态。CFS

主要由金融服务管理局（FSA）、财政部及英格兰银行组成。在此框架中，英格兰银行负责进行宏观经济分析，实施货币政策；FSA针对银行和金融投资公司进行监管；财政部则隶属于英国议会，对国内经济进行宏观调控。2007年次贷危机发生后，英国先后颁布《2009年银行法案》《改革金融市场》《金融监管的新方法——判断、焦点及稳定性》等系列文件，对监管模式进行了改革，赋予了英格兰银行对系统性风险进行宏观审慎监管的核心地位。英格兰银行下设金融政策委员会（FPC）和审慎监管局（PRA）及金融督导局（FCA）。FPC的职责主要是识别和防控系统性风险，增强金融系统的稳定性。PRA的主要职责是对金融机构实施审慎监管，提高金融机构的稳健经营能力，从而增强金融系统的稳定性。此外，独立设置金融行为准则局（FCA），主要承担对消费者的保护责任，增强公众对英国金融系统的信心。

　　2007年次贷危机发生后，欧盟理事会于2009年6月通过了《欧盟金融监管体系改革》方案，设立了欧洲系统性风险理事会（ESRB），填补宏观审慎监管漏洞，进行系统性风险的宏观审慎监管；设立了欧洲金融监管系统（ESFS），由欧洲银行监管局（EBA）、欧洲证券与市场监管局（FSMA）和欧洲保险和职业养老金监管局（EPIOA）三家监管机构组成，主要是进行微观审慎监管。

　　通过对美国、英国、欧盟三个经济体的监管改革模式进

行梳理，笔者发现国际上对于系统性风险监管模式的改革是
遵循了一定框架的，如弥补宏观审慎监管漏洞、设立超级监
管机构对系统性风险进行监管、加强监管机构之间的沟通与
协调、对消费者的保护等，如表7-1所示。

表7-1　国际宏观审慎监管框架

国家（地区）	设立超级金融监管机构	全面监管，填补监管漏洞	加强中央银行在监管中的作用	强调对消费者的保护	强调国内监管协调和国际监管合作
美国	金融稳定监管委员会（FSOC）	"无盲区、无缝隙"，将对冲基金、私募基金和风险投资纳入监管范围	扩大美联储权力	设立金融消费者保护局	呼吁全球监管标准统一化，实现监管手段和监管信息共享，加强合作
欧盟	欧洲系统性风险理事会（ESRB）	加强对私募股权基金和对冲基金等的监管	超级金融监管机构ESRB由成员国中央银行行长组成	将金融消费者保护列为金融监管系统的核心任务	三大监管局统筹协调欧盟各成员国的金融监管
英国	金融稳定理事会（CFS）	对冲基金面临更严格的信息披露要求	英格兰银行处于维护金融稳定的核心地位	设立消费者保护和市场监管局（CPMA），后更名为金融行为准则局（FCA）	CFS负有协调央行、财政部和金融服务局的监管活动的职责

　　我国金融业自1993年开始实行"分业经营、分业管理"
的分业监管模式，由于行业所属监管机构不同，极其容易形
成行业交叉业务的灰色地带，使其成为监管真空区域，使高
风险业务通过多次穿透、规避监管制度而成为"合规性业
务"，产生监管套利等行为，并跨领域、跨产品传递风险。

在 2018 年以前，我国的监管主体一直是"一行三会"的监管格局。为了建立宏观审慎监管框架，防范系统性风险，2018 年 3 月，我国进行了金融监管体制改革，改革后金融监管框架表现为"一委一行两会一局"，即国务院金融稳定发展委员会、中国人民银行、中国银行保险监督管理委员会和中国证券监督管理委员会、各地金融监管局。在此框架下，金融稳定发展委员会将统筹金融监管框架改革，协调各监管机构之间的职能分工与具体的审慎监管工作。整体监管架构及各机构监管职能见如图 7-1 所示。

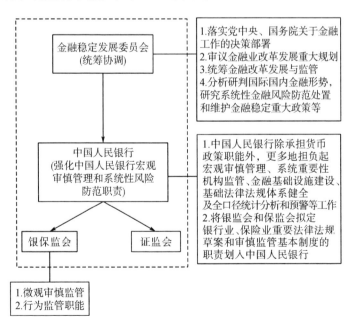

图 7-1　金融监管整体架构及各机构监管职能

三、保险业系统性风险审慎监管的思路

(一) 宏观审慎监管的目标

宏观审慎监管的重要目标是维护保险业和社会的稳定。2013 年 IAIS 发布了《宏观审慎政策和保险监管》，指出保险业的系统性风险传导途径包括"贡献式"和"参与式"两类。"贡献式"是指由于个体困境引发连锁反应所造成的系统性风险，起到了风险激化的作用；"参与式"是指保险机构间由于同质化业务或产品而产生的共同风险敞口遭受系统性风险所造成的损失，起到了风险放大的作用。针对不同的传导途径，宏观审慎监管也应当设立不同的监管目标。在"贡献式"传导途径下，监管的目标主要有如下两个方面：一是避免或减轻包含潜在系统性影响的个体困境所导致的传染效应；二是降低道德风险。在"参与式"的传导途径下，监管目标主要是最大限度地提高机构抗击外部冲击的能力，保持系统整体运行的稳定性。具体如表7-2 所示。

表 7-2 宏观审慎监管的目标

监管目标	传染扩散	共振扩散
概念	对个体困境的系统性弹性	对一般冲击的个体弹性
描述	由于个体困境引发连锁反应而生成的对系统性风险的贡献程度	由于共同暴露或风险集中所遭受的系统性事件引发的损失

表7-2(续)

风险传导	"机构-机构"	"机构-行业-加总"
监管目标	避免或减轻包含潜在系统性影响的个体困境所导致的传染效应	保持系统的整体运行,最大限度地提高机构抗击外部冲击的能力

资料来源：https://www.iaisweb.org/page/supervisory-material/translations/super-seded-translations/translations-japanese-korean-portuguese-russian-spanish/file/34448/macroprudential-policy-and-surveillancemps-in-insurance/.

(二)"太大而不能倒"的保险集团是宏观审慎监管的重要对象

随着混业经营趋势的不断加强,我国保险业发展也呈现综合化、集团化经营趋势,一个主要表现为内生变化,即保险企业自身经营业务领域和范围广度的拓展;另一个表现为外因变化,即各种社会资本源源不断地注入保险企业,形成保险主导或参与的综合性经营集团。我国保险业集团呈现三个方面的特征:一是以保险为核心拓展的保险集团。该类集团围绕保险这一核心业务,利用积累的客户群和机构布局,通过设立相关业务子公司来横向拓展业务领域,纵向开发上下游产业来实现集团化经营。例如,泰康集团旗下拥有泰康人寿、泰康资管、泰康养老、泰康之家、泰康健康管理等,从业务领域来看,涉足寿险、养老险、健康险等专业保险类子公司;从经营环节来看,设立了资管公司、养老地产等。二是保险业资本外溢。很多非保险集团也通过直接或间接方式投资其他行业,设立或控制了大量非保险子公司。中国保险行业协会披露了非保险子公司的寿险和财险公司截至2017年底的情况，如表7-3所示，其中非保险子公司主要为房地产和投资公司。三是银行主导设立的金融控股公司，保险为其中一个分支。我国五大国有商业银行都主导设立了自己的金融控股公司，以银行业务为主导，通过投资收购或设立两种方式搭建综合金融平台，形成以银行业务为主，保险、基金、信托、租赁等非银行业务为辅的经营模式。四是产融结合。部分地产、电商、医药等实业资本通过股权收购或作为发起人成为保险公司控股股东，形成实业产业与保险业的跨界融合。

表7-3 2017年保险公司所属非保险子公司数量一览表

单位：个

寿险公司	非保险子公司	非寿险公司	非保险子公司
平安人寿	62	中国人保	1
太保寿险	12	平安财险	3
新华人寿	8	大地财险	2
太平人寿	8	阳光财险	8
民生人寿	1	天安财险	8
阳光人寿	14	国元农业	1
合众人寿	10	泰山财险	1
百年人寿	3	众安在线	1
君康人寿	6		

表7-3(续)

寿险公司	非保险子公司	非寿险公司	非保险子公司
信泰人寿	1		
招商信诺	1		
前海人寿	46		
弘康人寿	2		
珠江人寿	8		
上海人寿	2		
恒大人寿	2		

资料来源:根据中国保险行业协会信息披露数据整理而得。

2015 年,由 IAIS 与 FSB 共同公布的新一轮全球系统重要性保险机构(G-SII),包括荷兰全球保险集团、德国安联保险集团、美国国际集团、英国英杰华保险集团、法国安盛保险集团、美国大都会保险集团、中国平安集团、美国保德信集团和英国保诚集团,中国平安集团成为唯一入围 G-SII 的中国保险机构。截至 2019 年底,我国保险市场共有 14 个保险集团,业务规模和总资产超过中国保险业整体规模的 80%,对我国保险市场的健康稳定发展具有重大影响。保险集团本身规模大、与宏观经济及交易对手的风险暴露程度高,内部又具有复杂的组织结构和关系网络,导致各类风险相互传递和升级。"太大而不能倒"的保险集团成为各国监管部门对系统重要性保险机构采取更严格审慎性监管的共同目标。

（三）建立和完善保险公司治理机制，是防控保险业系统性
     风险的重要保障

国际保险业系统性风险监管框架下的"系统性风险"更强调的是保险机构与金融市场的关联性和传染性，更多地关注"太大而不能倒"的保险集团。现阶段我国保险业系统性风险除了日益增加的"关联性"，更多的还是来自中小型保险机构保险公司治理不规范（决策轻率、关联交易、利益输送等）、业务发展激进、对非传统投资的风险认识和管理不足等公司治理方面的问题。治理风险导致的共同风险暴露，是我国保险业系统性风险的重要来源。中国银保监会主席郭树清同志在 2018 年 4 月召开的中小型银行及保险公司公司治理座谈会上指出，建立和完善具有中国特色的现代公司治理机制，是现阶段深化银行业和保险业改革的重点任务，是防范和化解各类金融系统性风险、实现金融机构稳健发展的主要保障。

我国保险市场的基本定位是新兴市场和发展中国家市场，具有法治环境和诚信体系建设不足、市场参与者尚不成熟、要素市场不发达等特点。从微观层面上看，建立完善的公司治理机制是保险业系统性风险防控的重要保障，监管当局应补齐公司治理的监管短板，加强独立董事履职管理，建立独立董事直接向监管机关报告制度；建立董事、监事、高级管理人员执业终身评价体系，强化制度对人的刚性约束；强化股权监管，完善保险公司股权管理办法，针对财务类、

战略类、控制类股东，设立更加科学严格的约束标准，适度降低单一股东持股比例，提高特定行业准入门槛；同时，强化股东穿透监管，完善对股东的适格性考评；加强偿付能力基础数据真实性检查，严查虚假注资、虚假增资等行为，确保资本监管成为约束保险公司的坚强防线。

第二节　系统重要性保险机构的评估

一、国际系统重要性保险机构评估的监管实践

IFM、FSB、BIS（2009）指出，系统性风险是由金融系统或部分金融系统崩溃导致的，其可能对实体经济产生严重的负外部性影响。基于这一定义，FSB 提出了评估系统性风险的三个基本要素：规模、风险关联性、可替代性。而 IAIS 考虑到保险业的特殊性，增加了"时效性"这一基本要素，用于评估 G-SII。

（一）　IAIS 系统重要性保险机构评估的关键要素

1. 规模

规模作为保险业系统性风险的首要要素，是基于"规模越大，风险越大"的风险共识[1]。因此，保险业的系统性风

---

① 郭金龙，周华林. 保险业系统性风险及其管理的理论和政策研究［M］. 北京：社会科学文献出版社，2016：12.

险既需要考虑到保险业在国民经济、金融体系中的系统地位，也需要考虑保险机构在保险体系中的系统地位。

这种由于规模导致的风险溢出效应在于：一般而言，金融系统中的保险业或保险体系内的某一保险机构规模越大，意味着其提供的金融保险服务也越多，可能由于跨行业、跨地区经营致使暴露的风险敞口范围越广泛，意味着其对保险体系甚至金融体系运行的系统重要性越高，其风险溢出效应便越强。但这仅仅是从规模的绝对性来讲的，而经营业务的庞大化既可能带来风险集中暴露也可能带来风险分散效用。如果保险业或保险机构经营的各项业务能够合理配置，实行分散化经营策略，即使规模总量庞大，其风险分散能力也较强，从而抑制系统性风险的发生。

2. 风险关联性

风险关联性指保险机构与金融系统中其他子行业之间及保险机构自身之间的关联程度，其关联程度决定了风险损失在行业之间的传染速度与影响广度。一方面，某一保险机构若陷入经营困境甚至破产，很可能通过金融体系中的关联渠道传染风险，从而对金融体系中其他金融机构甚至整个金融业产生负外部性影响；另一方面，金融系统中的其他非保险金融机构也可能通过关联渠道将风险传染至保险行业，导致保险机构陷入危机。

3. 可替代性

可替代性具有两层含义：一是指保险机构提供的金融服务具有独特技术而不可或缺，一旦停止经营，短期内无法找到替代经营机构；二是指保险机构提供的金融服务因占有绝大部分的市场份额，一旦停止经营，无法找到替代经营机构来填补市场需求①。从这两方面来体现一家保险机构的可替代性，也表明了这家保险机构在保险市场中的系统重要性程度。一方面，社会保障机制作为商业保险补充机制，可弥补其风险转移的空白市场；另一方面，保险机构在保险市场中的经营并非垄断经营，其承保能力也可通过资本增持、再保险等方式进行补充替代。总而言之，相较于银行清算机构或证券交易所的市场中心地位来说，保险业的可替代性更强。

4. 时效性

IAIS 认为单一风险事件演变为系统性风险受到风险传播速度即时效性的影响。

传统保险业务负债时效性较漫长。第一，相较于金融体系中的其他子行业的日常业务（如储蓄提取、担保赎回等）流动性管理要求较为迫切来说，产寿险保单的赔付速度均较慢，需要经过保障的风险事件发生、理赔、查勘、定损、核保、确定赔付等一系列过程，风险传染速度不及其他金融子

---

① 赵桂芹，吴洪. 保险体系的系统性风险相关性评价：一个国际视角 [J]. 保险研究，2012（9）：112-119.

行业。第二，尤其是寿险行业，投保人若想在短时间内退保则需要付出较大的保单成本，其现金价值将大打折扣，这意味着投保人提前兑付的可能性较低；加之寿险保单期限较长，对保险机构日常流动性管理的要求没有其他金融子行业高。而保险业特有的时效性特点给予了保险机构足够时间去改善流动性风险管理、恢复承保能力以及寻求替代解决方案等，其冲击传染的时间效应不强。

但非传统保险业务金融属性更强，保障属性相对较弱，如保险业的短期投融资活动（短期商业票据融资、证券出借业务等）、投资联结保险产品、具有赎回选择权的保险产品（如短期理财型万能险产品）、保险联结证券（ILS）、保险衍生品（如巨灾保险衍生品）、CDS 业务等。一旦这类非传统保险业务规模增长到难以控制的地步，则可能使得杠杆率水平超过公司的风险承担水平，通过资本市场的风险暴露敞口迅速将风险蔓延开来，致使保险机构内部流动性风险急剧上升，甚至可能导致保险机构陷入破产危机。

（二）国际系统重要性保险机构评估的监管进程

指标法是基于系统重要性金融机构的关键因素，按照相关评价原则选择相关指标对其进行赋权，最后根据所计算出的得分评估系统重要性金融机构。基于上一小结的分析可知，评估系统重要性保险机构的关键因素为规模、关联度、可替代性、时效性四项，但由于时效性指标难以在现实中进行技术分析，

IAIS 在其 2013 年首次披露的初始指标评估法中并未再坚持使用"时效性"指标，而是沿袭了 FSB 的基本评估框架，并由于保险机构在规模、业务结构、业务范围、全球活动、风险敞口和数据报告方面与全球金融体系具有一定的差异性，在指标选择、权重分布上与银行业稍有不同。见表 7-4。

表 7-4　系统重要性金融机构评估指标演变

监管机构	FSB	BCBS	IAIS（2009）	IAIS（2013）	IAIS（2016）
评估指标	规模	规模	规模	规模	规模
	相关性	相关性	相关性	金融体系内关联	金融体系内关联
	可替代性	可替代性	可替代性	可替代性	可替代性
	—	复杂度	时效性	非传统非保险活动（NTNI）	资产变现
	—	国际活跃度	—	全球活动	全球活动

资料来源：笔者根据相关资料整理而得。

　　2014 年 11 月 6 日，FSB 报告称：到 2015 年 11 月，IAIS 需要进一步发展 G-SII 评估方法，以确保其适当处理全球所有类型的保险和再保险以及其他金融活动。2015 年 11 月 25 日，IAIS 便发布了两份文件：①G-SII 建议的最新评估方法；②为期 60 天咨询期的 NTNI 业务。为解决与指标响应性、系统性风险的联系以及数据质量（包括可靠性）相关的问题，并提高评估流程与结果的透明度，2016 年评估方法由 2013 年的三阶段评估过程修订为五阶段评估过程，包括基于事实的定量和定性元素的结构化使用，并将这两种方法结合起来

对保险机构进行全面评估，然后再将该保险机构确定为
G-SII。2016 年评估方法的结果是由事实分析、对单个保险
机构的全面评估以及与未来的 G-SII 交换信息所驱动的[①]。
IAIS 2013 年、2016 年评估法的具体评估指标与权重变动如
表 2-2 所示。

表 7-5　全球系统重要性保险机构（G-SII）评估对比

2013 年 G-SII 指标及权重		2016 年 G-SII 指标及权重		
一级指标 （权重）	二级指标	二级指标		一级指标 （权重）
规模 （5.0%）	总资产	总资产		规模 （5.0%）
	总负债	总负债		
全球活动 （5.0%）	本国以外获得的收入	本国以外获得的收入		全球活动 （5.0%）
	国家的数目	国家的数目		
关联度 （40.0%）	金融体系内资产	金融体系内资产	交易对手的 风险暴露 （26.8%）	关联度 （49.0%）
	金融体系内负债	金融体系内负债		
	再保险	再保险（＊）		
	未清偿的衍生品名义值	未清偿的衍生品名义值		
	大额风险暴露（重大 披露）	特殊衍生品交易（出 售 CDS 等）（＊）	宏观经济的 风险暴露 （22.5%）	
	营业额	金融担保（＊）		
	第三级资产	变额保险产品的最低 保证		

---

① IAIS. Global Systemically Important Insurers：Updated Assessment Methodology
［R/OL］. Working Paper，2016. https://www.iaisweb.org/page/supervisory -
material/financial - stability/archive//file/61179/updated - g - sii - assessment -
methodology-16-june-2016.

表7-5（续）

2013 年 G-SII 指标及权重		2016 年 G-SII 指标及权重	
非传统非保险（NTNI）活动（45.0%）	金融业务产生的非保单持有人负债和非保险收入	金融业务产生的非保单持有人负债和非保险收入	资产变现（36.0%）
	经济方面的衍生品交易（套期保值除外）	第三级资产	
	短期融资	短期融资	
	特殊衍生品交易（出售 CDS 等）	营业额	
	金融担保	保险负债流动性	
	保险负债的流动性程度	—	
	集团内担保	—	
	变额保险产品的最低保证	—	
可替代性（5.0%）	特定业务保费	特定业务保费	可替代性（5.0%）

资料来源：根据 IAIS. Global Systemically Important Insurers：Policy Measures［R/OL］. Working Paper, 2013；Global Systemically Important Insurers：Updated Assessment Methodology［R/OL］. https：//www. iaisweb. org/page/supervisory‑material/financial‑stability/archive//file/61179/updated‑g‑sii‑assessment‑methodology‑16‑june‑2016 等资料整理而得。表中打＊号的为引用绝对参考值。

根据表 7‑5 进行分析，笔者发现，2016 年 IAIS 对系统重要性保险机构评估赋予的指标权重、指标修订、指标计算进行了三方面的重大调整：

第一，指标权重上。风险关联度指标权重增加 9 个百分点，且将其分为交易对手的风险暴露和宏观经济的风险暴露两大类子指标，这也预示着国际监管层将关注重点进一步指向系统重要性保险机构的风险溢出与传染效应；相应的资产变现指标权重相比 2013 年 NTNI 指标，权重下降 9 个百分点，更加专注于大量流动性风险和宏观经济风险及其相关系统性风险的传播渠道。

第二，指标修订上。

（1）自 2008 年全球金融危机爆发以来，衍生品交易（出售的 CDS 或类似衍生品工具）和金融担保指标的基础市场交易量大幅下降，而 2013 年评估法未考虑到保险机构系统性风险在时间维度上的变化，仅仅考虑了保险机构在保险机构池中的相对重要性，故为更好地评估保险机构池在更广泛的保险行业或金融体系中的系统性重要性，2016 年评估法随时间维度调整样本指标偏差，决定对衍生品交易（出售 CDS 或类似衍生品工具）、金融担保和再保险三个指标使用绝对参考值。其中，2013 年评估法对该三项指标的得分是通过将单个保险机构的金额除以样本中所有保险机构的合计金额进行计算的；而 2016 年评估法中绝对参考值则由金融市场总量得出，并创造一个比例因子乘以三个指标各自权重，从而更好地衡量系统重要性。

（2）IAIS 对与大额风险暴露、集团内担保及经济方面的衍生品交易有关的数据审核从第二阶段的定量评估转移到第三阶段的定性分析。首先，考虑到大额风险暴露可能反映了保险机构陷入财务困境方面的影响，而非其破产或出现重大困境时的系统性影响，故将其移入第三阶段进行定性考查。其次，因为跨公司和跨国别的数据不一致可能导致对样本保险机构的指标计算不准确或不完整，故关于集团内部承诺的信息将在 2016 年评估法的第三阶段进行考查。最后，经济方面的衍生品交易（套期保值除外）数据获取涉及跨国别、跨司法管辖领域，故出于数据获得的响应程度及可靠性考虑，IAIS 没有将其作为 2016 年评估法指标，而是转入第三阶段的定性评价中，但 IAIS 也认识到其高度的潜在系统性相关性，将继续探索如何评估保险机构的投机性衍生品交易。

（3）考虑到 NTNI 业务指标与关联性指标子项目之间存在交叉性及由于金融系统业务复杂性使得 NTNI 业务内涵在实际操作中难以准确界定，2016 评估法决定用资产变现指标代替 NTNI 指标，原 NTNI 所有三级指标均分布在资产变现与关联性指标中。

第三，指标计算上。

（1）未清偿的衍生品及变额保险产品的最低担保计算变动。由于 2013 年评估法将对冲变额保险产品最低担保的衍生品纳入其中，而在变额保险产品最低担保中并不承认其为衍生品，也将其纳入其中，这意味着对该指标进行重复计算，使得某些对冲其风险的保险机构比不对冲该风险的保险机构受到更多监管约束或惩罚。故 IAIS 将关于变额保险产品最低担保的嵌入式衍生品名义值部分从这两项指标中删除，同时 IAIS 正在考虑以净公允价值与未来风险敞口数据衡量未清偿衍生品。

（2）保险负债的流动性程度计算变动。考虑到惩罚度越低，时间约束性越小，投保人退保的可能性越大，从而使得保险机构陷入流动性压力之中，因此，为了体现这一退保可能性的差异程度，从经济惩罚与延迟访问两方面进行了权重分级计算。

二、中国系统重要性保险机构评估的监管进程

2018 年，中国人民银行、中国银保监会、中国证监会发布了《关于完善系统重要性金融机构监管的指导意见》，对系统重要性金融机构的评估流程及方法做了规定。此前，原中国银监会陆续颁布了《关于国内系统重要性银行划分标准（征求意见稿）》《商业银行资本管理办法（试行）》，并在 2015 年提出将会同相关部门制定《商业银行系统重要性评估、资本要求与处置指引（试行）》。原中国保监会对系统重要性保险机构的评估要求如表 7-6 所示。

表7-6 中国系统重要性保险机构评估监管演进

机构	时间	文件/事件
原中国保监会	2015.10	解读 G-SII 更高损失吸收能力要求
	2016.03	《D-SII 监管暂行办法（征求意见稿）》
	2016.04	D-SII 监管制度建设启动会召开
	2016.05	开展 D-SII 评定数据收集工作，并通知 16 家险企上报相关数据
	2016.08	《D-SII 监管暂行办法(第二轮征求意见稿)》
中国人民银行、中国银保监会、中国证监会	2018.11	《关于完善系统重要性金融机构监管的指导意见》

资料来源：笔者根据相关资料整理而得。

三、中国系统重要性保险机构评估的政策建议

IAIS 关于 G-SII 的评估及监管框架建立起了一套完整且成熟的体系，中国关于 D-SII 的评估监管框架可充分借鉴国际经验。但在借鉴的同时，也应该从本国国情出发，以体现中国保险业特色、需求及监管重点。

第一，基于 G-SII 评估监管框架、思路、体系，采取与国际监管逻辑一致的想法，初步建立起中国 D-SII 评估监管框架及体系。

第二，2016 年 G-SII 评估指标的调整，基于保险业务、产品的基本风险点出发来准确评估系统重要性保险机构，尤其是对 NTNI 业务进行了重新确定，规避其内涵不清的问题，

从资产变现和关联性指标中进行明确界定；且基于部分数据获取准确、可靠性的考虑，将它们转移至第三阶段的定性分析中。这值得在构建中国 D-SII 评估监管体系时基于中国保险业的业务特征、产品特征等进行有效且有区别的借鉴。

第三，IAIS 2016 年评估法在第三阶段定性评估中审查了入选 G-SII 的保险机构之间在其他金融领域的系统重要性评估结果，以分析其在金融交叉背景下各子行业之间的传染性以及对保险机构的系统性影响程度。而当前随着金融混业趋势的日益明显，中国保险市场在迅速发展的同时也伴随着风险交织的复杂性。近年来，中国保险业资产和负债的高度联动使得行业呈现出更强的金融性与社会性，与银行业、证券业、房地产业之间的关联性不断增强，改变了传统保险行业的整体风险属性，故而应借鉴国际思路，着重考虑各行业互联性对保险机构系统性风险传染的影响深度与广度。

第四，国内监管层考虑到目前中国与国际金融、保险市场发展具有一定差距，NTNI 业务与关联性风险并不如发达国家显著，而中国保险业近年来行业乱象频发，风险暴露集中，外在表现为市场行为、资金运用问题及偿付能力问题，究其根本在于公司治理存在缺陷甚至失效，因此 D-SII 的评估监管建设相比于 G-SII 有所调整①，特别需要考虑公司治

① 普华永道. 系统重要性保险机构监管体系：从 G-SII 到 D-SII 的演进 [R/OL]. https://www.pwccn.com/zh/insurance/insurance-research-innovation-sep2015. pdf.

理的评估要素、指标设定及权重确定。首先，在原中国保监会第一轮征求意见稿中，明确指出结合中国保险业发展实际，重点关注可能引发系统性风险的公司治理、外部关联性、NTNI 业务、可替代性等因素[①]，从"三会一层"等方面明确了公司治理监管要素在系统重要性保险监管方面的重要作用。其次，2016 年 5 月份开展的 D-SII 数据征集工作中，明确要求 16 家保险机构上报保险机构治理评价自评表、关联交易、高管人数等公司治理数据，以用于 D-SII 评估[②]。再次，在其第二轮征求意见稿中，则直接明确规模、公司治理、外部关联性、资产变现、可替代性等因素是影响 D-SII 评估的重要因素。最后，其在 2018 年联合发布的 D-SIFI 文件中指出，采用指标法对 D-SIFI 进行评估，并根据各行业发展特点及状况进行指标选取及权重确定，其在特别监管要求中则指出，公司治理监管是防范系统性风险的有效措施，需明确"三会一层"职责权限，明确系统性风险管理计划、目标。相对于 G-SII，我国监管中增加了"公司治理"这个评估要素，但并没有披露 D-SII 评估的具体指标设计路径及评估步骤。

---

① 原中国保监会. 对《国内系统重要性保险机构监管暂行办法（征求意见稿）》公开征求意见 [EB/OL]. http://www.cbirc.gov.cn/cn/view/pages/ItemDetail.html？docId=333318&itemId=951&generaltype=2.

② 中国保监会办公厅关于开展国内系统重要性保险机构评定数据收集工作的通知 [EB/OL]. http://www.cbirc.gov.cn/cn/view/pages/ItemDetail.html？docId=372654&itemId=925&generaltype=0.

第三节　保险业系统性风险的
审慎监管政策

一、国际保险业系统性风险的监管实践

（一）国际保险业系统性风险的宏观审慎监管政策

2008 年全球金融危机爆发前的保险监管主要侧重于对单个保险机构的微观审慎监管，如 2001 年 IAIS 颁布《保险监管核心原则》（ICP），制定了资本充足性和偿付能力监管的若干规则，2005 年又确立了保险业偿付能力、市场行为、公司治理的"三支柱"监管框架。2008 年 AIG 濒临破产事件的发生让国际金融监管当局认识到保险业系统性风险的存在，由此展开了针对保险业系统性风险的认识和进一步监管。从 2009 年开始，在国际金融稳定委员会（FSB）的统筹协调下，国际保险监督官协会（IAIS）做出战略调整，围绕金融稳定和宏观审慎监管，颁布了一系列宏观审慎监管政策文件。具体监管文件见表 7-7。

表 7-7　国际保险业宏观审慎监管进程

时间	文件名	事件或文件主要内容
2011 年初		IAIS 成立了宏观审慎政策和监督工作组，现在是宏观审慎政策和监督小组委员会（MPSSC）

表7-7(续)

时间	文件名	事件或文件主要内容
2013.7	《G-SII：评估方法》	确定评估方法及指标权重：规模（5%）、国际活跃度（5%）、不可替代性（5%）、非传统非保险业务（45%）、关联性（40%）
	《G-SII：政策措施》	更严格的监管措施
		与FSB共同公布9家首批G-SII名单：德国安联保险集团、美国国际集团、意大利忠利集团、英国英杰华保险集团、法国安盛保险集团、美国大都会保险集团、中国平安集团、美国保德信集团、英国宝诚集团
2013.10		宣布制定以风险为基础的全球保险资本标准（ICS），ICS将替代BCR作为HLA的计算基础
2014.9		IAIS发布HLA原则
2014.11		公布最新名单，名单同2013年
2015.10	《G-SII的更高损失吸收要求》	G-SII核心监管措施包括强化监管、有效恢复与处置、资本要求和数据要求
2015.11		公布名单：荷兰全球保险集团、德国安联保险集团、美国国际集团、英国英杰华保险集团、法国安盛保险集团、美国大都会保险集团、中国平安集团、美国保德信集团、英国宝诚集团
2015.11	《G-SII评定方法更新（征求意见稿）》	对评定方法进行了更新
2016.6.16	《G-SII评定方法更新（2016年更新版）》（每三年更新一次）	（1）增设流程（2）评定指标调整
2016.11		公布名单，名单同2015年
2022.1		ICS、HLA将正式实施

（二）国际系统重要性保险机构的特别监管要求

2013 年国际保险监督官协会（IAIS）参照国际金融监管机构提出的监管框架，结合保险业的特征，提出了构建事前强化监控、事中附加资本、事后有效恢复与处置计划等监管框架体系。

（1）事前强化监控。要求 G-SII 通过更强化的集团管控架构、管控手段和管控力度，来提高集团整体的风险应对和处置能力。主要监管要求包括：①设置系统性风险管理计划（SRMP），包括具体的风险管理、风险缓释以及风险降低方法、工具等；②更有效的流动性风险管理计划（LRMP），加强对集团层面的流动性风险的评估、监控和计划；③对非传统非保险（NTNI）业务更有效的风险隔离，建立更好的集团内部防火墙，对 NTNI 业务（及相应的专业公司）进行更为有效的风险隔离；④业务限制与禁止规则，针对 NTNI 业务及金融机构内部相关性较高的业务，采用更严格的业务限制及禁止规则。

（2）事中附加资本。要求 G-SII 需具备更高的损失吸收能力（HLA）和资本附加要求，以减少 G-SII 破产的可能性以及由此引发的对金融体系的影响。随着系统重要性程度的提高，相关保险机构应当具有更高的损失吸收能力。2013 年 7 月，FSB 批准并发布了由 IAIS 负责制定的更高损失吸收能力要求，并拟在 2022 年正式实施，并适用于 2020 年之后确定的任何 G-SII。具体见表 7-8。

表 7-8　事中附加资本即 HLA 规定进程

时间	HLA 规定
2013.7	IAIS 首次提出 G-SII 附加资本要求，即更高的损失吸收能力（HLA）
2014.10	IAIS 发布 BCR，作为 HLA 的基础
2016	G-SII 向其全集团监管就内部报告 HLA，以协助 IAIS 改进 HLA
2019	预计 G-SII 所持有的合格资本资源将不低于 BCR 和 HLA 所规定的资本要求之和
2022	HLA 标准的实施已由 2019 年推迟到 2022 年，并适用于 2020 年之后确定的任何 G-SII

如表 7-9 所示，IAIS 发布的《全球系统重要性保险机构更高损失吸收能力要求》中指出，对于 HLA 的计算需要考虑 G-SII 的分组及不同业务性质的风险敏感性，要考虑风险敏感性和复杂性的平衡问题。

表 7-9　HLA 的计算因子

BCR 资本要求	HLA 计算因子		
	组一	组二	组三
传统人寿保险	6%	9%	13.5%
传统非人寿保险			
资产			

表7-9(续)

BCR 资本要求	HLA 计算因子		
	组一	组二	组三
非传统保险业务	12%	18%	27%
非保险业务-资产管理业务			
非保险业务-其他			
非保险业务-受监管银行业务	8.5%	12.5%	18.75%
非保险业务-不受监管银行	12.5%	18.75%	25%

（3）事后有效恢复与处置计划（RRP）。其主要监管要求包括：①恢复计划（RCP）。恢复计划是用于引导面临困难的保险机构恢复正常运营，从而使其得以继续经营的一系列计划和措施。具体包括以下四项要求：由管理层制定、主导和实施，需要同时考虑个体压力情景和整个市场的压力情景，需制定包括动因和指标体系的触发机制，需针对性考虑NTNI及传统保险业务的恢复方式。②处置计划（RSP）。处置计划是指当恢复计划不能拯救公司时，制定一个有序处置或退出机制。主要包括以下三项要求：由相关处置当局制定和主导，但由保险机构按相关要求准备和提供，并在和保险机构的互动过程中完成；分析需要建立在适合该机构实际的基础上；识别和主动发现对处置不利的潜在障碍。

二、中国保险业系统性风险的监管实践

（一）中国保险业系统性风险的审慎监管政策

中国保险业系统性风险认识和监管实践起步较晚且进展相对缓慢。2012 年开始启动建设的《中国二代偿付能力监管制度体系建设规划》（简称"偿二代"）首次在保险公司最低资本中加入针对系统性风险的附加资本要求，其中包括逆周期附加资本、国内系统重要性保险机构的附加资本、全球系统重要性保险机构的附加资本等。在"偿二代"正式出台（2015 年 2 月）与实施（2016 年）之后并未对附加资本提出量化的资本要求。同时，原中国保监会于 2016 年 3 月首次针对国内系统重要性保险机构（D-SII）监管征求意见，并于 2016 年 4 月召开国内系统重要性保险机构（D-SII）监管制度建设启动会议，正式启动国内 D-SII 监管体系建设，自此开始进行国内系统重要性保险机构的评估与监管。2018 年我国金融监管机构整合发展、职能调整之后，中国人民银行除承担货币政策职能外，更多地担负起宏观审慎管理、系统重要性机构监管的职责。中国人民银行牵头，带领中国银行保险监督管理委员会（中国银保监会）、中国证券监督管理委员会（中国证监会）于 2018 年 11 月发布《关于完善系统重要性金融机构监管的指导意见》，为我国系统重要性保险机构监管建设提供指导。具体见表 7-10。

表 7-10　中国保险业审慎监管政策进程

时间	监管机构	文件/事件	内容
2012.3	原中国保监会	《中国第二代偿付能力监管制度体系建设规划》	正式启动以"风险为导向"的"偿二代"建设工作
2013.5	原中国保监会	《中国第二代偿付能力监管制度体系整体框架》	"偿二代"的整体框架由制度特征、监管要素和监管基础三大部分构成。监管要素包括定量资本要求、定性监管要求、市场约束机制三个支柱
2015.1	原中国保监会		审议通过"偿二代"监管规则，2015 年为"偿二代"的过渡期。针对"D-SII""G-SII"设置了专门的资本要求
2016.1	原中国保监会	正式开始实施《中国第二代偿付能力监管规则》	在资本要求第一支柱中，引入了宏观审慎监管资本要求和调控性资本要求，即对顺周期风险、系统重要性机构风险等提出了资本要求。可惜的是，"偿二代"并未对附加资本做出具体的规定
2016.3.18	原中国保监会	《国内系统重要性保险机构监管暂行办法(征求意见稿)》	公开征求意见 系统性风险是指保险集团(控股)公司、保险公司及其附属机构等发生重大风险事件，由于难以持续经营而对国内保险业、金融体系和实体经济活动等造成重大不利影响的风险
2016.4.15	原中国保监会	召开 D-SII 监管制度建设启动会	正式启动国内 D-SII 监管体系建设

表7-10(续)

时间	监管机构	文件/事件	内容
2016.5.26	原中国保监会	面向16家大型保险集团(公司)开展D-SII评定数据收集工作	中国人民保险集团股份有限公司、中国人寿保险（集团）公司、中国太平保险集团有限责任公司、中国再保险（集团）股份有限公司、中国平安保险（集团）股份有限公司、中国太平洋保险（集团）股份有限公司、中华联合保险控股股份有限公司、阳光保险集团股份有限公司、泰康人寿保险股份有限公司、新华人寿保险股份有限公司、华泰保险集团股份有限公司、安邦保险集团股份有限公司、富德保险控股股份有限公司、合众人寿保险股份有限公司、中邮人寿保险股份有限公司、华夏人寿保险股份有限公司
2016.8.31	原中国保监会	《国内系统重要性保险机构监管暂行办法（第二轮征求意见稿）》	再次征求意见 （规模、公司治理、外部关联性、资产变现、可替代性） 系统性风险是指由于单个或多个保险机构的内部因素、保险市场和保险业外部的不确定性因素，导致保险机构发生重大风险事件并难以维持经营，进而引发保险系统发生剧烈波动或危机，甚至将其负面效应传染至金融体系和实体经济，最终造成重大不利影响的风险
2018.11	中国人民银行、中国银保监会、中国证监会	《关于完善系统重要性金融机构监管的指导意见》	明确系统重要性金融机构的定义、范围；规定系统重要性金融机构的评估流程和总体方法以及监管要求和特别处置机制

（二）中国系统重要性保险机构的特别监管要求

2016 年 8 月 31 日，原中国保监会发布《国内系统重要性保险机构暂行办法（第二轮征求意见稿）》，征求意见稿从公司治理、并表风险管理、系统性风险管理计划、流动性风险管理计划、额外资本要求、恢复计划和处置计划等方面对我国系统重要性保险机构提出了特别监管要求。

1. 事前强化监控

（1）更严格的公司治理要求

原中国保监会对 D-SII 提出了更高的公司治理要求，D-SII 应对董事会、监事会、高级管理层职责权限做出清晰界定，完善公司治理架构，尤其是危机管理的组织架构，建立对系统性风险内控有效的决策、约束和执行机制，强化系统性风险的防控能力。具体见表 7-11。

表 7-11　公司治理具体要求

公司架构	具体职责
董事会	（1）制定符合 D-SII 业务特点和监管要求的整体发展战略； （2）审批本办法要求制订的相关风险管理计划，包括系统性风险管理计划、流动性风险管理计划、恢复计划和处置计划等； （3）了解自身及行业系统性风险水平，督促系统性风险管理政策、相关风险管理计划的执行； （4）审批 D-SII 其他相关事项

表7-11(续)

公司架构	具体职责
董事会专业委员会	D-SII 应在董事会下设立或指定专业委员会,监督管理层对系统性风险的管理和控制,对 D-SII 相关重大事项进行审议并向董事会提出意见和建议
监事会	监事会是 D-SII 的内部监督机构,有权了解 D-SII 治理情况,监督董事会对 D-SII 相关职责的落实情况
高级管理层	D-SII 高级管理层负责执行董事会批准的各项政策,建立系统性风险管理体系,完善 D-SII 组织架构、全面风险管理架构和内部风险隔离机制,负责与原中国保监会等监管机构进行沟通,制定正常情景和压力情景下的系统性风险管理措施,确保本办法的各项要求得到落实
高级管理层专业委员会	高级管理层可以设立或指定专业委员会,建立跨部门的工作协调机制,确保 D-SII 工作能够在不同部门之间协同开展
职能部门	D-SII 应设立或指定专门的职能部门总体统筹协调,推动相关风险管理计划的制订和实施,组织统一的数据收集和报送工作,开展内部培训和宣传引导等,以确保本办法要求的各项工作全面落实

（2）并表风险管理

原中国保监会要求 D-SII 建立并表风险管理,即要求 D-SII 对其整体的公司治理、资本、风险和财务等进行全面和持续的管控,并有效识别、计量、监测和控制整体系统性风险状况。D-SII 除了按照现行风险管理监管要求,建立全面风险管理体系,还需要建立 D-SII 特有风险管理体系。具体见表 7-12。

表 7-12　并表风险管理

全面风险管理体系	D-SII 特有风险管理体系
（1）独立的风险管理架构； （2）风险管理战略； （3）风险管理政策； （4）风险管理流程； （5）风险管理计量工具； （6）风险管理报告体系； （7）风险管理信息系统等	（1）风险偏好体系； （2）集中管控体系； （3）风险隔离机制； （4）集中度风险管理机制； （5）资产变现风险管理机制； （6）外部关联性风险管理机制； （7）压力测试

（3）系统性风险管理计划

原中国保监会要求 D-SII 建立系统性风险管理计划，加强系统性风险的有效识别和评估，做出相应的管理计划和应对策略，通过加强自身管理、建立有效隔离机制、强化资本约束等措施，降低系统性风险。具体计划包括：对系统性风险的全面识别和评估；现有 D-SII 全面风险管理体系以及内部控制体系在控制和缓释系统性风险方面的有效性；提出进一步管理、避免、减少其系统性风险的详细措施；系统性风险管理计划实施时间表。

（4）流动性风险管理计划

原中国保监会要求 D-SII 加强流动性风险管理，预防或应对因无法及时获得充足资金或无法及时以合理成本获得充足资金以支付到期债务或履行其他支付义务的风险。具体计划包括：流动性风险管理策略；流动性风险管理架构；流动性风险的识别、评估、监测、缓释、报告流程和机制；流动性风险应急计划。

2. 事中附加资本

原中国保监会发布的《国内系统重要性保险机构监管暂行办法（第二轮征求意见稿）》中没有对 D-SII 提出附加资本的具体要求。《保险公司偿付能力监管规则第 2 号：最低资本》中提到应对保险公司最低资本加入针对系统性风险的附加资本要求，其中包括逆周期附加资本、国内系统重要性保险机构的附加资本、全球系统重要性保险机构的附加资本等，但并未对附加资本提出具体可量化的指标。2018 年三部委联合发布的《关于完善系统重要性金融机构监管的指导意见》的第十五条提到，系统重要性金融机构的附加资本采用连续法计算，即选取系统重要性得分最高的金融机构作为基准机构，确定其附加资本要求，其他机构的附加资本要求根据系统重要性得分与基准机构得分的比值确定。

3. 事后有效恢复与处置计划

为实现 D-SII 的有效自救和平稳退出市场，减小其发生危机所引发系统性风险的可能性，原中国保监会发布的《国内系统重要性保险机构监管暂行办法（第二轮征求意见稿）》和三部委联合发布的《关于完善系统重要性金融机构监管的指导意见》均对 D-SII 的有效恢复和处置计划提出了明确要求。

（1）恢复计划

恢复计划是指 D-SII 基于现有风险管理体系制订的风险管理计划，确保在极端压力情景下，指导其依靠自身能力恢复正常运营，维护保险体系的稳定。具体恢复计划见表 7-13。

表 7-13　恢复计划具体要求

第二轮征求意见稿	指导意见
内部危机管理小组的职责和权限； 执行恢复计划的组织架构； 关键要素的识别和阐述； 恢复情景的设计和分析； 定性和定量的触发机制； 具体实施方案、可行性分析、 执行障碍和改进建议	执行恢复计划的治理架构； 关键功能和核心业务识别； 压力情景的设计和分析； 恢复措施触发条件； 具体实施方案； 可行性分析； 执行障碍和改进建议

（2）处置计划

处置计划是指 D-SII 协助有权处置机构通过预先制定的处置策略和处置执行方案，确保 D-SII 在无法持续经营或陷入实质性财务困境或经营失败情况下，能够得到有序和有效的处置，并在处置过程中有效维持特定关键功能的持续运营，避免引发系统性风险。具体见表 7-14。

表 7-14　处置计划具体要求

第二轮征求意见稿	指导意见
实质性财务困境或经营失败的判断标准； 制定合理的处置策略； 为确保顺利处置所需要的关于 D-SII 组织架构、法律、财务、业务信息； 具体实施方案、可行性分析、执行障碍和 改进建议； 信息系统评估	执行处置计划的治理架构； 关键功能和核心业务识别； 处置措施触发条件； 处置计划实施所需的信息和数据； 处置策略分析； 处置权力和处置工具分析； 具体实施方案； 可行性分析； 处置对经济金融的影响； 执行障碍和改进建议

三、中国保险业系统性风险审慎监管的政策建议

（一）建立宏观与微观相结合的中国保险业审慎治理监管机制

保险公司治理机制的不完善，不仅影响机构自身的风险，也是保险业系统性风险的重要来源。努力提升保险行业的治理能力，构建具有中国特色的现代保险行业治理机制，可以从根源上、制度上降低系统性风险的产生可能性与扩散性，是防范和化解系统性风险的长效机制。我国保险业公司治理监管的目标应该从"个体风险"防范的公司治理监管范畴（微观审慎治理监管）提升到"系统性"风险防范的行业治理监管范畴（宏观审慎治理监管），探索建立宏观与微观

相结合的中国保险业审慎治理监管机制。微观审慎治理监管主要针对机构层面（个体风险）的公司治理监管，构建公司治理监管体系，提升治理监管的有效性，推动保险机构治理能力提升；实施量化导向监管，结合治理风险评估结果，形成差异化的监管机制、规则与手段。宏观审慎治理监管主要针对宏观层面（系统性风险）的行业治理监管，构建行业治理监管体系，可能沿用微观审慎治理的监管方法，但附加更严格的公司治理要求。具体见图7-2。

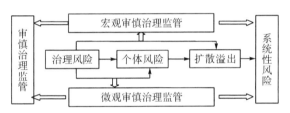

图7-2　宏观与微观相结合的审慎治理监管机制

（二）实施量化导向监管，提高损失吸收能力

　　国际监管目前针对已识别出的 G-SII 要求计提资本附加，其作用机制在于降低保险机构过度承担风险却由政府来承担最终损失的道德风险，内部化社会成本，从而减少其对金融体系乃至实体经济的负外部性影响。附加资本约束能够反映影响 G-SII 风险状况的因素，体现其个性化风险特征[①]。

[①]　林斌. 全球系统重要性保险机构监管新规：更高损失吸收能力［J］. 金融会计，2016（4）：55-61.

我国保险业正从高速增长向高质量发展转变，毋庸置疑，需要将治理风险这一现实状况考虑进去，因地制宜地将治理风险对保险业系统性风险的共振扩散效应和传染扩散溢出效应的影响量化成附加资本约束要求。

监管当局依旧需要继续加强对"太大而不能倒"保险集团的系统重要性的监管。保险集团因其规模、风险关联性等而具有系统重要性，公司治理是影响其系统重要性及风险传染扩散的一个重要因素。因此监管当局对我国保险业系统性风险的监管重点应该放在公司治理上，提高保险集团的风险治理能力，并在微观审慎监管的"偿二代"资本约束基础上，进一步从宏观审慎监管的角度将治理风险对风险传染扩散溢出效应的影响量化成附加资本约束要求。

同时，监管当局还应该对中小型保险机构的治理风险带来的集体风险暴露问题予以重视。治理风险不但影响到中小型保险机构的个体风险爆发，同时多家规模较小的中小型保险机构如果同时爆发风险，将会产生系统性风险的共振扩散效应，产生较大的负外部性。监管机构应该督促保险机构从公司治理源头上进行有效的风险防控，并将治理风险对共振扩散的溢出效应影响量化成附加资本约束要求，以提高其损失吸收能力，防范保险业系统性风险。

（三）建立业务隔离机制，降低保险机构的系统重要性

2008 年全球金融危机爆发后，不少发达国家金融集团开

始简化业务结构、突出主业。我国保险业也建立了业务隔离机制，通过"结构性分离"形式，从规模、可替代性、关联性角度防止保险机构业务扩大化、复杂化、隐蔽化，倒逼过度混业经营的机构回归保险本源，主营传统保险业务，从而降低保险机构的系统重要性。由于部分业务极大地增加了各行业间的关联性，且部分业务被个别机构大规模持有，在市场中具有高度集中性而不可替代，国际上主要从 CDS 业务、房地产领域抵押贷款保险业务及严重依赖短期融资等方面进行业务隔离，限制机构经营行为、范围，并将高风险业务分离出去，例如欧盟颁布的《利卡宁报告》，便强制要求投资公司不准提供零售银行业务，存款银行不可进行自营交易、对冲基金、衍生品头寸业务等。考虑到国内目前保险业主要风险暴露点在于险资来源隐蔽、投资去向层层嵌套、万能险业务金融属性更强等现实状况，监管层应将关注重点从个别机构上升到行业层面，通过相关立法或行政规定形式理清各保险机构完整的股权链条及与各主体之间的关系，进一步明确险资投资渠道，禁止投资结构过于复杂化的金融创新产品，使信息透明化，在防止利益输送的同时，实现真正的穿透式监管，建立起保险机构与意图不轨资本、非传统保险业务之间的风险隔离机制。而目前，中国"偿二代"二期工程正在致力于对保险资产风险的穿透式监管建设，通过逐层穿透识别投资结构和底层资产，旨在正确识别个体保险机构保险资金最终投向与潜在交易对手方，看穿风险的实质，把握风险的来源，强化全覆盖和全流程的监管机制。

（四）完善处置和恢复制度安排，减少系统重要性保险机构带来的道德风险

当金融危机发生时，如果重要性保险机构没有完善的退出或处置机制，极其容易产生道德风险，由纳税人和政府来为其行为买单。因此，在金融危机发生时，确保金融稳定和纳税人不承担风险，建立有序的处置机制就显得尤为重要。G20峰会2011年颁布《金融机构有效处理跨国家的关键属性》，明确将恢复与处置计划设定为有效处理框架中的一项重要制度安排。有效的恢复和处置机制为宏观审慎监管的有效性提供了坚强的后盾，是其重要支撑。

2015年修订后的《中华人民共和国保险法》第八十九条规定，经营寿险业务的保险机构，除分立、合并或者依法撤销外，不得解散。虽然这能够有效地保护投保人利益，但也进一步增加了保险机构自身的道德风险。目前，国际上关于恢复与处置计划的推进主要聚焦于银行业，我们可以参考银行业的处置方法，结合保险业经营的特殊性，进行有效借鉴，让其在陷入危机时能进行自我救助、允许其倒闭并有序退出市场。国际上事后监管进程如表7-15所示。

表 7-15　国际事后监管进程

国别	文件	主要措施	核心内容
国际	《G-SIFI 破产处置方案》	"自上而下"处理方式	基于集团母公司,要求股东自行承担损失,情况严重的,责令高管离职等
美国	《多德—弗兰克法案》	生前遗嘱(Living Wills)	(1) 债权人承担倒闭风险,实行恢复与自救计划; (2) 保证纳税人利益
		有序清算制度(Orderly Liquidation Authority)	由美国联邦存款保险机构负责系统重要性金融机构的清算
英国	《恢复与处置计划》	破产处置方案	要求本国银行、外国银行在英国的子公司均需制订恢复与处置计划

资料来源:钟震. 系统重要性金融机构的识别与监管研究 [M]. 北京:经济管理出版社,2014.

借鉴国际经验,如果系统重要性保险机构能够实行自我救助,应当立即采取机构资本结构调整及流动性补偿措施,并要求集团层面相关负责人自行承担破产风险,以防风险传染、溢出,保护投保人利益。若已突破自救临界点,监管层可适当引导其进入处置计划阶段,进行资产清算,严重的可要求其将机构资产、负债转移至其他保险机构。如果转移过程中出现资金损失,监管层可以建立适当的补偿机制。

(五) 强化信息披露要求,建立信息共享机制

审慎监管是一个相当宽泛的概念,需要大量的信息及数

据支持，健全完善的信息披露机制是监管当局顺利实施审慎监管的重要保障。监管当局应该对系统重要性保险机构提出明确的信息披露要求。参照 FSB（金融稳定委员会）和 BCBS（巴塞尔银行监管委员会）对全球系统重要性银行的信息披露要求，监管当局应该对系统重要性保险机构的内部关联信息、支付清算和核心管理系统的相关信息、内部运营数据及机构运营的法律和管理框架等提出信息披露要求。[①]此外，审慎监管也涉及多个行业及监管部门，随着创新产品的不断出现，风险也越来越复杂与隐蔽，需要建立跨行业、跨监管部门的信息共享机制来防控系统性风险。随着系统重要性保险机构跨国业务的增加，跨国风险的监控更加重要，各国在加强本国经济信息搜集及本国部门间信息交流的同时，也必须建立和完善境内外监管信息的共享机制。

[①]　普华永道. 系统重要性保险机构监管：监管框架和 D-SII 带来的挑战与机遇 [R/OL]. 2016. https://www.docin.com/p-1727513603.html.

参考文献

［1］ ALIN MARIUS ANDRIEş, NISTOR S. Systemic risk, Corporate Governance and Regulation of Banks across Emerging Countries ［J］. Economics Letters, 2016 (144)：59-63.

［2］ ACHARYA V V, ENGLE R, RICHARDSON M. Capital Shortfall：A New Approach to Ranking and Regulating Systemic Risks ［J］. American Economic Review, 2012, 102 (3)：59-64.

［3］ ACHARYA V V, RICHARDSON M. Is the insurance industry systemically risky? ［M］// Modernizing Insurance Regulation. New York：John Wiley &Sons, 2014.

［4］ ANGINER D, DEMIRGUC-KUNT A, HUIZINGA H, MA K. Corporate Governance of Banks and Financial Stability：International Evidence [J]. Journal of Financial Economics, 2018, 130 (2): 246-327.

[5] BELL M, KELLER B. Insurance and Stability: The Reform of Insurance Regulation [R]. Zurich Financial Services Group Working Paper, 2009.

[6] BERDIN E, SOTTOCORNOLA M. Insurance Aactivities and Systemic Risk [R]. SAFE Working Paper, 2015.

[7] BERDIN E, SOTTOCORNOLA M. Systemic Risk in Insurance: Towards a New Approach [J]. Safe Policy Letter, 2017 (62).

[8] BILLIO MONICA, MILA GETMANSKY, ANDREW W LO, et al. Econometric Measures of Systemic Risk in the Finance and Insurance Sectors [R]. MIT Sloan School Working Paper, 2010.

[9] BISIAS D, FLOOD M, LO A W, et al. A Survey of Systemic Risk Analytics [J]. Annual Review of Financial Economics, 2012, 4 (76): 119-131.

[10] BREWER E, JACKSON W E. Interindustry contagion and the competitive effects of financial distress announcements: Evidence form commercial banks and life insurance companies [R]. Federal Reserve Bank of Chicago Working Paper, 2002 (23).

［11］BALUCH F, MUTENGA S, PARSONS C. Insurance, systemic risk and the financialcrisis ［J］. Geneva Papers on Risk and Insurance—Issues and Practice, 2011, 36 (1): 126-163.

［12］BOBTCHEFF C, et al. Analysis of Systemic Risk in the Insurance Industry ［J］. The Geneva Risk and Insurance Review, 2016, 41 (1): 73-106.

［13］BILLIO M, GETMANSKY M, LO A W, PELIZZON L. Econometric measures of connectedness and systemic risk in the finance and insurance sectors ［J］. Journal of Financial Economics, 2012, 104 (3): 535-559.

［14］BIERTH C, et al. Systemic risk of insurers around the globe ［J］. Journal of Banking and Finance, 2015, 55 (6): 232-245.

［15］CUMMINS J D, WEIβ M A. Systemic Risk and the U. S. Insurance Sector ［J］. The Journal of Risk and Insurance, 2014, 81 (3): 489-528.

［16］CHEN H, CUMMINS J D, VISWANATHAN K S, et al. Systemic risk and the interconnectedness between banks and insurers: An econometric analysis ［M］. Philadelphia PA: Working paper, Temple University, 2012.

［17］CAROLYN W, CHANG, XIAODAN LI, et al. Sysremic risk, interconnectedness, and non-core activities in Taiwan insurance industry ［J］. International Review of Economics and Finance, 2018（55）: 273-284.

［18］ DURANTE F, et al. A spatial contagion measure for financial time series ［J］. Expert Systems with Applications, 2014, 41（8）: 4023-4034.

［19］ ELING M, PANKOKE D. Systemic Risk in the Insurance Sector: What do We Know? ［R］. University of St. Gallen Working Paper, 2012（22）.

［20］ FSB, IMF, BIS. Guidance to Assess the Systemic Importance of Financial Institutions, Markets and Instruments: Initial Considerations ［R］. FSB Background Paper, 2009（10）.

［21］ FSB. Reducing the Moral Hazard Posed by Systemically Important Financial Institutions ［R］. Working Paper, 2010.

［22］ GENEVA ASSOCIATION. Systemic Risk in Insurance: An Analysis of Insurance and Financial Stability ［R］. Working Paper, 2010（3）.

［23］ HESSE H, GONZáLEZ HERMOSILLO B. Global Market Conditions and Systemic Risk ［J］. Journal of Emerging Market Finance, 2009（10）: 227-252.

［24］ HUANG X, ZHOU H, ZHU H. A framework for assessing the systemic risk of major financial institutions ［J］. Journal of Banking and Finance, 2009, 33（11）: 2036-2049.

[25] HARRINGTON S E. The financial crisis, systemic risk, and the future of insurance regulation [J]. Journal of Risk and Insurance, 2009, 76 (4): 785-819.

[26] IAIS. Activities – Based Approach to Systemic Risk Public Consultation Document [R]. Working Paper, 2017.

[27] IAIS. Global Systemically Important Insurers: Updated Assessment Methodology [R]. Working Paper, 2016.

[28] IYENGAR G, LUO Y, RAJGOPAL S, et al. Towards a Financial Statement Based Approach to Modeling Systemic Risk in Insurance and Banking [R]. Columbia Business School Research Paper, 2017 (17-77).

[29] IQBAL J, STROBL S, VÄHÄMAA S. Corporate Governance and The Systemic Risk of Financial Institutions [J]. Journal of Economics & Business, 2015, 82 (1): 42-61.

[30] KANNO M. The Network Structure and Systemic Risk in The Global Non-life Insurance Market [J]. Insurance Mathematics & Economics, 2016 (67): 38-53.

[31] MARTIN ELING, DAVID ANTONIUS PANKOKE. Systemic Risk in the Insurance Sector: A Review and Directions for Future Research [J]. Risk Management and Insurance Review, 2016, 19 (2): 249-284.

[32] MISTRULLI P E. Assessing financial contagion in the

interbank market: Maximum entropy versus observed interbank lending patterns [J]. Journal of Banking and Finance, 2011, 35 (5): 1114-1127.

[33] NEALE F R, DRAKE P P, SCHORNO P, SEMANN E. Insurance and interconnectedness in the financial services industry [J]. Working paper, Charlotte, NC: UNC Charlotte, 2012.

[34] NEBEL R. Regulations as a source of systemic risk: The need for economic impact analysis [J]. The Geneva Papers on Risk and Insurance issues and Practice, 2004, 29 (2): 273-283.

[35] PARK S C, XIE X. Reinsurance and Systemic Risk: The Impact of Reinsurer Downgrading on Property - casualty Insurers [J]. Journal of Risk and Insurance, 2014, 81 (3): 587-622.

[36] ROSSI M L, LOWE N. Regulating reinsurance in the global market [J]. The Geneva Papers on Risk and Insurance issues and Practice, 2002, 27 (1): 122-133.

[37] SCHWARCZ D, SCHWARCZ S L. Regulating Systemic Risk in Insurance [J]. University of Chicago Law Review, 2014, 81 (4): 1569-1640.

[38] STRINGA M, MONKS A. Inter - industry contagion

between UK life insurances and UK banks: An event study [J/OL]. Social Science Electronic Publishing, 2005, 18 (18).

[39] UPPER C. Simulation methods to assess the danger of contagion in interbank markets [J]. Journal of Financial Stability, 2011, 7 (3): 111-125.

[40] VAN LELYVELD I, LIEDORP F, KAMPMAN M. An Empirical Assessment of Reinsurance Risk [J]. Journal of Financial Stability, 2011, 7 (4): 191-203.

[41] WEIβ G, MÜHLNICKE J. Why do Some Insurers Become Systemically Relevant? [J]. Journal of Financial Stability, 2014 (13): 95-117.

[42] XAVIER FREIXAS, LUC LAEVEN, JOSÉ-LUIS PERDRÓ. 系统性风险、危机与宏观审慎监管 [M]. 王擎, 等译. 北京: 中国金融出版社, 2017: 11-13.

[43] 柏宝春. 关联性视阈下金融机构风险传染效应的实证分析 [J]. 统计与决策, 2016 (21): 169-170.

[44] 包全永. 银行系统性风险的传染模型研究 [J]. 金融研究, 2005 (8): 72-84.

[45] 陈建青, 王擎, 许韶辉. 金融行业间的系统性金融风险溢出效应研究 [J]. 数量经济技术经济研究, 2015, 32 (9): 89-100.

[46] 陈敏, 王邦武, 方爱国. 系统重要性保险机构有

效处置策略指引［J］. 金融发展评论, 2016 (3): 30-34.

［47］曹廷求, 王可. 系统性金融风险的传导机理分析：基于公司治理的视角［J］. 公共财政研究, 2017 (1): 4-19.

［48］董青马. 开放条件下银行系统性风险生成机制研究［D］. 成都：西南财经大学, 2008.

［49］邓向荣, 曹红. 系统性风险、网络传染与金融机构系统重要性评估［J］. 中央财经大学学报, 2016 (3): 52-60.

［50］方意, 郑子文. 系统性风险在银行间的传染路径研究：基于持有共同资产网络模型［J］. 国际金融研究, 2016 (6): 61-72.

［51］冯燕, 王耀东. 保险业系统性风险传染研究：基于格兰杰因果关系模型［J］. 金融与经济, 2018 (2): 34-39.

［52］高姗, 赵国新. 保险业系统性风险的度量框架与衡量方法研究［J］. 内蒙古金融研究, 2014 (1): 17-21.

［53］郭容. 中国系统重要性保险机构识别问题研究［D］. 大连：东北财经大学, 2013.

［54］郭金龙, 赵强. 保险业系统性风险文献综述［J］. 保险研究, 2014 (6): 41-52.

［55］郭金龙, 周华林. 保险业系统性风险及其管理的理论和政策研究［M］. 北京：社会科学文献出版社, 2015.

［56］龚明华，宋彤. 关于系统性风险识别方法的研究［J］. 国际金融研究，2010（5）：90-96.

［57］黄群程. CoVaR 在上市保险机构系统性风险测度中的应用［D］. 长沙：湖南大学，2016.

［58］何晓群. 多元统计分析［M］. 北京：中国人民大学出版社，2015：41-44.

［59］郝臣. 中国保险公司治理研究［M］. 北京：清华大学出版社，2015.

［60］郝演苏. 防范系统性风险的双刃剑［J］. 经济，2013（8）：96-97.

［61］韩龙. 系统性风险测度在保险与金融业中的应用［D］. 重庆：重庆理工大学，2017.

［62］罗胜. 保险公司治理评价与治理监管研究［D］. 天津：南开大学，2012.

［63］罗胜，邱艾超. 基于公司治理系统论的金融机构治理风险研究［J］. 保险研究，2008（12）：57-62.

［64］梁琪，李政. 系统重要性、审慎工具与我国银行业监管［J］. 金融研究，2014（8）：32-46.

［65］刘乐平，邱娜. 中国系统重要性保险机构识别［J］. 湖南社会科学，2016（5）：129-135.

［66］刘兴亚，王少群，陈敏. 全球系统重要性保险机构的评估方法和政策措施［J］. 金融发展评论，2013（9）：

94-97.

[67] 刘璐, 韩浩. 中国保险市场与银行市场间的风险溢出效应研究: 基于上市银行和保险机构的实证分析 [J]. 保险研究, 2016 (12): 3-14.

[68] 刘璐, 王春慧. 基于 DCC-GARCH 模型的中国保险业系统性风险研究 [J]. 宏观经济研究, 2016 (9): 90-99.

[69] 林斌. 全球系统重要性保险机构监管新规: 更高损失吸收能力 [J]. 金融会计, 2016 (4): 55-61.

[70] 王丽珍, 李秀芳, 郑苏晋. 基于分保偏好和风险组合冲击的财产保险市场系统性风险传染性研究 [J]. 中国软科学, 2017 (4): 41-53.

[71] 王丽珍, 康超. 保险机构与其他金融机构系统关联性研究: 兼论保险机构的系统重要性 [J]. 保险研究, 2017 (1): 16-26、67.

[72] 王丽珍. 中国保险业系统性风险再保险业务传染效应研究 [J]. 当代经济科学, 2015, 37 (5): 1-10、124.

[73] 王向楠. 财产险业务线的系统性风险研究 [J]. 保险研究, 2018 (9): 44-55.

[74] 王远卓, 钟潇. 系统重要性保险机构的评估和监管 [J]. 保险理论与实践, 2017 (1): 82-93.

[75] 王培辉, 尹成远, 袁薇. 中国保险业系统性风险

溢出效应研究：基于时变 Copula-CoVaR 模型 [J]．南方金融，2017（2）：14-24.

　　[76] 王少群，吴云．非传统非保险业务和产品的评估标准 [J]．金融发展评论，2016（1）：15-20.

　　[77] 王超，王向楠．保险系统性风险的宏观审慎监管体系探讨 [J]．新金融，2016（12）：41-46.

　　[78] 欧阳资生，李钊．中国上市保险机构的系统重要性评估研究 [J]．湖南商学院学报，2017，24（1）：25-29.

　　[79] 秦岩．国际监管领域关于保险与系统性风险的研究 [J]．中国保险，2011（3）：55-57.

　　[80] 孙丽霞．公允价值层级、银行公司治理与银行系统性风险：基于我国 14 家上市商业银行的面板数据 [J]．财会通讯，2017（6）：28-31.

　　[81] 宋凌峰，肖雅慧．经济波动、业务异质性与保险业系统性风险研究 [J]．保险研究，2018（2）：3-16.

　　[82] 完颜瑞云，锁凌燕．保险公司与系统性风险的中国视角：理论与实证 [J]．保险研究，2018（11）：3-16.

　　[83] 魏敏．中国系统重要性保险机构的识别研究 [D]．太原：山西财经大学，2015.

　　[84] 徐映梅，徐璐．中国金融业跨市场风险测度与分析：基于 GARCH-Copula-CoVaR 模型 [J]．统计与信息论坛，2015，30（4）：28-32.

［85］徐华，魏孟欣，陈析. 中国保险业系统性风险评估及影响因素研究［J］. 保险研究，2016（11）：3-15

［86］谢远涛，蒋涛，杨娟. 基于尾部依赖的保险业系统性风险度量［J］. 系统工程理论与实践，2014，34（8）：1921-1931.

［87］谢志刚. 系统性风险与系统重要性：共识和方向［J］. 保险研究，2016（7）：25-34.

［88］杨琳. 国际保险业系统性风险、成因与对策［J］. 中国保险，2009（3）：19-23.

［89］杨玉莹. 我国保险业系统性风险研究［D］. 长春：吉林财经大学，2017.

［90］袁薇，王培辉. 保险机构系统性风险溢出效应研究：基于DCC-GARCH-CoVaR模型［J］. 财会月刊，2017（5）：114-118.

［91］郑梦灵，王丽珍. 基于CoVaR的保险机构系统性风险研究［J］. 上海保险，2017（1）：42-48.

［92］朱南军，高子涵. 系统重要性保险机构的评估与监管：国际实践与中国探索［J］. 经济体制改革，2017（2）：150-156.

［93］朱元倩. 从宏观审慎视角看保险业的系统性风险［N］. 中国保险报，2012-03-27（07）.

［94］朱伟忠. 国际保险业系统性风险事件处置的借鉴和

启示［N］. 中国保险报，2017-12-22（08）.

[95] 朱衡，卓志. 保险公司系统重要性识别及其影响因素研究：基于系统性风险敞口与贡献的视角［J］. 保险研究，2019（3）：3-16.

[96] 卓志，朱衡. 保险业系统性风险研究前沿与动态［J］. 经济学动态，2017（6）：109-120.

[97] 原中国保监会国际部. 全球系统重要性保险机构监管的政策方法简介［N］. 中国保险报，2015-12-23（08）.

[98] 周天芸，杨子晖，余洁宜. 机构关联、风险溢出与中国金融系统性风险［J］. 统计研究，2014，31（11）：43-49.

[99] 张琳，何玉婷. 基于主成分分析的中国系统重要性保险机构研究［J］. 保险研究，2015（12）：40-50.

[100] 张琳，汤薇，林晓婕，周媛. 基于 SVM-SRISK 的非上市保险公司系统性风险度量［J］. 保险研究，2018（6）：3-15.

[101] 赵桂芹，吴洪. 保险体系的系统性风险相关性评价：一个国际视角［J］. 保险研究，2012（9）：112-119.

后记

本书是教育部人文社会科学研究一般项目"中国保险业系统性风险生成机理、评估及宏观审慎监管研究"的研究成果，并被列入"十三五"国家重点出版规划项目及四川省2018—2019年度重点图书出版规划项目。

本书以防范我国保险业系统性风险为目的，在借鉴国际监管经验的基础上，充分考虑我国保险业治理风险的现状，建立了"外部冲击—治理风险—风险扩散"的保险业系统性风险生成机理的理论分析框架，强调"治理风险"在系统性风险生成过程中的作用，结合案例分析了我国保险机构的治理风险对系统性风险的影响，构建了包含"公司治理"要素的评估指标体系，对我国系统重要性保险机构的风险治理进行了评估分析，在理论研究、案例及实证分析的基础上，立足中国实际提出了建立宏观与微观结合的中国保险业审慎监管机制的政策建议。本书的研究不仅拓展了保险业系统性风险的研究视角，同时也为制定符合我国国情的保险业系统性

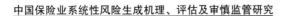

风险监管政策提供了理论指导。

　　本书的研究团队主要来自西南财经大学及深圳大学的老师以及西南财经大学的研究生。本书的执笔人是：第一章，徐华、罗婧文；第二章，徐华、朱佳欣；第三章，徐华、吴洪、罗婧文；第四章，徐华、朱佳欣、周丽；第五章，徐华、周丽；第六章，徐华、朱佳欣；第七章，徐华、吴洪、杨琪琪。全书由徐华负责统筹。

　　在这本书中，我们希望尽可能全方位地为读者呈现我们的研究成果，希望可以借此推动对我国保险业公司治理和系统性风险问题的关注，为我国保险业系统性风险的防控提供理论和策略上的支持。但受时间及能力所限，不足之处在所难免，恳请各位读者特别是同行专家批评指正。

徐华

2020 年 10 月